アフガニスタン

国連和平活動と地域紛争

川端 清隆

みすず書房

アフガニスタン＊目　次

目次

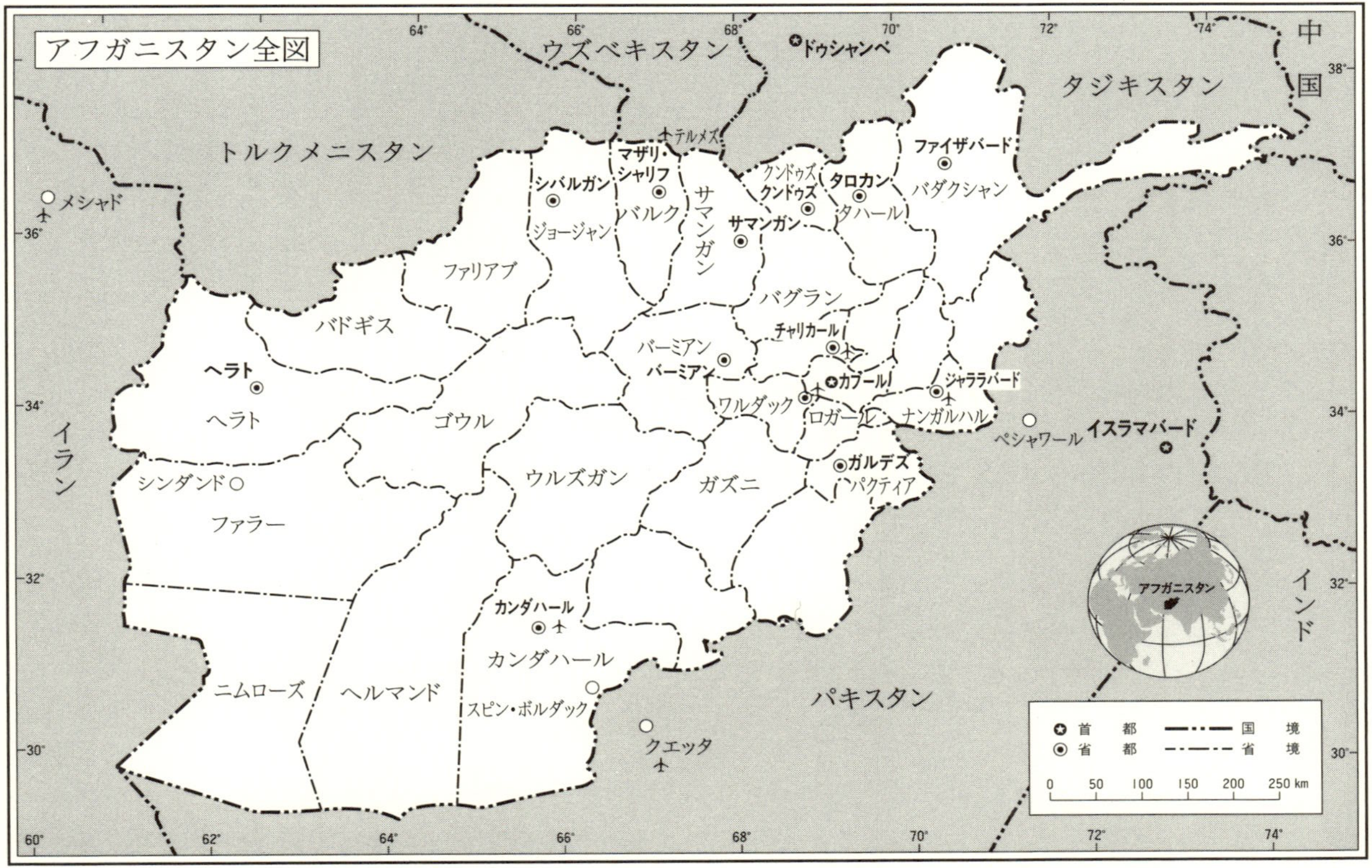
アフガニスタン全図
トルクメニスタン
ウズベキスタン
タジキスタン
中国
イラン
パキスタン
インド
ドゥシャンベ
メシャド
テルメズ
マザリ・シャリフ
バルク
シバルガン
ジョージャン
サマンガン
サマンガン
クンドゥズ
クンドゥズ
タロカン
タハール
ファイザバード
バダクシャン
ファリアブ
バドギス
ヘラト
ヘラト
バグラン
チャリカール
バーミアン
バーミアン
カブール
ジャララバード
ナンガルハル
ワルダック
ロガール
ゴウル
ペシャワール
イスラマバード
ガルデズ
パクティア
ウルズガン
ガズニ
シンダンド
ファラー
カンダハール
カンダハール
ニムローズ
ヘルマンド
スピン・ボルダック
クエッタ
アフガニスタン
首都
省都
国境
省境
0 50 100 150 200 250 km

外には一枚の木の葉も舞わず、内には一片の家具さえもない。
在るのはただ、壁と、空と、神のみ。
（アンドレ・マルロー「アルテンブルクのくるみの木」より。著者訳）

はじめに

われわれの眼に映るアフガニスタンは、決して美しくない。

侵略や内政干渉、果てることのない内戦、過激な宗教運動と国際テロの跳梁、おびただしい数の難民、女性差別など目に余る人権侵害――アフガン紛争は、現代世界が抱えるあらゆる問題の展示場だ。つい最近までは「国連和平活動の墓場」とまで呼ばれたこの救いのない紛争に、同情こそすれ、直接関わりたくないと感じても、そう不思議ではない。けれど、この醜悪ともいえるイメージこそ、実はわれわれ自身の姿の投影に過ぎないと知る者は、いったい何人いるのだろうか。

アフガニスタンは常に、その時々の世界の実像を映す鏡であった。長年くすぶり続けた紛争を通して、アフガン国民の犠牲を顧みぬ超大国や周辺国の独善的な政策が、それを許し続けた国際社会の事なかれ主義とともに、見事に炙り出された。

国際社会は紛争勃発以来、紛争の拡大の防止や、難民支援など人道上の活動のため限定的な介入を行ったが、内戦そのものの解決のため、ついに十分な政治的意思を結集できなかった。これは、冷戦終結後にアフガニスタンが、米国や日本など国連の主要加盟国にとって戦略的価値を喪失し、「忘れられた紛争」に成り下がったからに他ならない。その結果国連は、加盟国の真剣な政治的支援を受けられないまま、あくなき権力闘争に没頭するアフガン紛争当事者と、仮借ない干渉を続ける周辺諸国の双方と、真っ向から対峙することを余儀なくされた。

アフガニスタンは結局、ソ連の侵攻から二三年、冷戦の終焉から数えて一三年の長きにわたり放置された。その間、数百万のアフガン人が家を追われ難民となり、二〇〇万近い人命が失われた。国際社会の態度が一変し、和平を本格的に推し進める決意をするのは、皮肉にもわれわれが未曾有の同時多発テロという形でアフガン内戦の痛みを直接味わった、二〇〇一年九月一一日以降のことである。

待ちに待った和平の展望は、悲惨なテロがアフガニスタンを国際政治の表舞台に引き戻したとき、一挙に押し開かれた。テロの温床となった内戦の解決へ向け、世界は全力で国連の和平努力を後押しする決意を固めたのだ。いったん国際社会がその政治的意思の結集に成功すると、紛争の解決をそれまで阻んできた周辺国の干渉に強力な歯止めがかかり、和平は大きく進展した。

国連の和平努力は、アフガン当事者が同年の一二月に署名したボン合意に結実した。続いて合意どおり、国連支援の下に暫定政権が同月に、移行政権が半年後にカブールで相次いで発足し、アフガニスタンは平和への確かな第一歩を踏み出した。荒廃した国土の復興と再生を助けるため、二〇〇二年の一月には東京で復興会議が開かれ、巨額の国際援助が約束された。

本書では、国際情勢の荒波に翻弄され続けたアフガン紛争の悲劇を見据えつつ、二三年にわたる波乱に満ちた国連和平活動の全貌を探ってみた。

国連の平和創成活動は、アフガニスタン関連報道の中でもしばしば取り上げられ、いまや多くの日本人にとって身近なものとなった感がある。しかし、その実態となると、兵員など大量の人員を動員する平和維持活動（ＰＫＯ）と違い、比較的小人数により舞台裏で目立たず行う外交活動のためか、十分な解説や分析がなされたとはいえない。このため本書では、事務総長報告書や安保理決議などの国連文書をふんだんに引用し、和平活動が地域紛争の最前線で実際にどう行われているのか、実証的に考察してみた。考察に当たっては、世界初公開の資料を駆使して、これまでほとんど知られていなかった和平活動の実態や、その背後に在る国連内部や加盟国の試行錯誤の経緯を、できるだけ明快かつ躍動的に描き出すことを心がけた。

国連和平活動の描写では、その加盟国との関わり、とりわけ日本との関係について、多くの時間を費やした。これは、日本が国連の重要加盟国になった今日、和平活動や地域紛争の解決に、今まで以上に重要な責任を負うようになったからに他ならない。困難を極める和平活動を通し、日本が中立の第三者ではなく、「国連のパートナー」としての主体的な役割を期待される様子を、克明に追ってみた。

本書の第一章ではまず、アフガニスタンの概要と、紛争の歴史的背景の考証を行う。とりわけ、グレートゲームに象徴されるアフガニスタンの緩衝国としての歴史的役割と、近代における日本との関わりを、注意深く検証してみることにする。その上で国連活動の沿革の考証に移り、冷戦中の和平活動の内容と、その限界について概説する。

第二章では、冷戦後に発達した国連の平和創成活動（peace-making activities）の特徴を、平和維持活動（ＰＫＯ）など他の国連活動と対比しつつ説明する。活動の理論的な位置づけにあたっては、国連の中立性や不偏不党性の問題や、国連が目指す平和の定義など、和平活動全体に関わる諸問題に踏み込んでみたい。続いて本題であるアフガン紛争の考察に立ち戻り、成功の一歩手前で頓挫した冷戦後の最初の国連和平努力の背景と、その無残な結末を説明する。

第三章から第五章にかけては、国連総会によって設立された本格的な平和創成活動である国連アフガニスタン特別ミッション（ＵＮＳＭＡ）の活動を、紛争当事者間の仲介に力点が置かれた前期（九四―九六年）と、紛争の外的側面である周辺国の干渉に注意が注がれた中・後期（九七―九九年）に分けて仔細に検証する。検証では、クエッタ会議やタシュケント宣言など、この時期に試みられた和平への動きに焦点を当て、それぞれの背景と挫折の原因を探る。とりわけ、タリバンの最高指導者オマール師や、干渉を続ける周辺国との間の息詰まる交渉を可能な限り忠実に再現することにより、国連活動のあるがままの姿を読者の前にさらし、和平の本質を問う。タリバンの台頭、ナジブラ元大統領の処刑、マザリ・シャリフの虐殺、米国の和平努力と印・パの核実験、イラン・タリバン衝突の回避など、われわれの記憶に新しい主要事件にも、背景説明の一環として言及する。

第六章では、タシュケントでの最後の国連和平努力が失敗してから、同時多発テロが発生するまでの期間を扱う。とりわけ、バーミヤンの仏像の破壊に象徴される、タリバン運動の変貌と破局に至るまでの過程に注目し、その背景を検証する。また、二次にわたる国連安保理の対タリバン制裁や、米国とタリバンの関係など、悪化の一途をたどる国際環境を、アフガン紛争の文脈の中で解説する。

第七章では、同時多発テロ事件以降の国際情勢の激変と、ようやく開かれた和平の展望を生かそうとする国連の動きを、ボン和平会議に焦点を絞りつつ考証する。とりわけ、決裂直前まで追い込まれた和平会議での議論の推移を、参加者の発言を引用するなど具体的に解説し、和平合意の内容と、その成立に至る外交の裏舞台を検証する。

第八章では、暫定政権の誕生や、緊急ローヤ・ジルガの開催と移行政権の樹立など、和平の進展に伴う新生アフガニスタンの誕生と、将来の課題を論じてみる。その上で、日本との関わりも含め、和平活動が残した地域紛争解決のための教訓を考察し、本書の締め括りとしたい。

アフガニスタンでは今日も、失われた平和の回復を求めて苦闘が続いている。本書が、アフガン紛争の本質と、国連和平活動の理解を深め、将来の地域紛争解決の一助となるなら、これに勝る幸いはない。

第一章　アフガン紛争の背景

紺碧の空の下に広がる褐色の砂漠と、背後に屏風のように聳えるヒンドゥークシの峻険。異邦人を迎えるアフガニスタンの風土には、美しさと厳しさが混在している。

アフガニスタンの歴史も、偉大な文明の繁栄と、悲惨な戦乱の繰り返しであった。ユーラシア大陸の中心に位置するこの国を、数知れぬ栄光と悲劇が通り過ぎていった。現在アフガン国民が直面する困難も、この歴史の一局面にすぎない。

1　アフガニスタン概説

アフガニスタンは、中央アジアの南西の端に在る内陸国だ。東、西、南アジアを結ぶ接点に位置し、古代からユーラシア大陸の交易の中心地の一つとして栄えた。

日本のような四辺を海に囲まれた自然成立国家とは違い、アフガニスタンと隣国との境は、常に外部勢力との力関係によって変化した。現在国境を接するのは六カ国で、東西を中国とイランに挟まれ、南にはパキスタン、北には中央アジアの新独立国であるタジキスタン、ウズベキスタン、トルクメニスタンの三カ国がひかえる。

国土は六五万平方キロと広大で、日本の約一・七倍にあたる。しかし、その四分の三は農耕に適さない山岳地帯だ。北東から南西にかけて六〇〇〇メートル級の連峰を戴くヒンドゥークシ山脈が走り、北と南のわずかな平野部を分断している。南部の砂漠地帯を除き国土のほとんどは高地で、首都カブールは海抜一八〇〇メートルの高原に位置する。モンスーンの影響を受ける南アジアと違い気候は乾燥しており、気温は寒暖の差が激しい。

人口は二〇〇〇万から二五〇〇万人と推計されているが、侵略や内戦のため三〇年余りの間国民調査が行われておらず、正確な数字は分からない。民族別の人口構成についても同様の理由で正確なことは分からないが、多数派部族で主に南部と東部に居住するパシュトゥン族の三八パーセント前後に対し、北部や中部に住む少数派部族であるタジク族が二五パーセント、ハザラ族が一九パーセント、ウズベク族が六パーセントぐらいと推定されている（**巻末「各民族の分布図」参照**）。[1] 国語はペルシャ語の方言であるダリ語と土着のパシュトゥ語の二つが使用されている。国民の圧倒的多数の九九パーセントがイスラム教徒で、そのうちハザラ人を中心とした一五パーセントがシーア派、残りの八四パーセントがスンニ派であるといわれる。ちなみに、アフガニスタンはペルシャ語で「アフガン人が住む国」の意だ。[2]

経済は長年の戦乱のため壊滅状態で、近代産業の基盤はほとんど存在しない。わずかな収入源のほとんどは、農業や絨毯などの小規模の伝統的手工業か、海外からの援助だ。国民一人当たりの国民総生産は推定二〇〇ドル以下で、これは少数のアフリカの国を除くと、世界の最低水準である。教育や医療機関もほとんど機能しておらず、非識字率は六四パーセントに上るとみられる。国民の平均寿命は四〇歳をわずかに越えるだけで、五歳以下の幼児の死亡率は二五・七パーセントの高率である。また、二〇〇二年初めの時点で、戦火を逃れた四〇〇万人近くのアフガン人がイランやパキスタンなどの周辺国で難民としての生活を強いられている。郷里を追われたがアフガニスタン内に止まる国内避難民（IDP）の数も、一〇〇万人近くにのぼるといわれる。

ユーラシア大陸の中心部に位置するアフガニスタンは、その時々の大国の恣意に翻弄され、いくども侵略に伴う隷属や亡国の憂き目を見た。紀元前三三四—三二三年のアレキサンダー大王の遠征をはじめ、ササン朝ペルシャやモンゴルのチンギス・カーンなど、歴史はこの国を蹂躙した征服者に事欠かない。現代のアフガニスタンの国家としての原型が確立したのは、一七四七年に成立したアフマド・シャー国王のデュラニ王朝の時代になってからだ。しかし、独立とは名ばかりで、一九世紀には大英帝国と帝政ロシア、二〇世紀には米国とソ連の間のユーラシアをめぐる覇権争いに巻き込まれ、時の両超大国の狭間で危ういバランスを保ちながら、緩衝国として生きることを余儀なくされた。

地政学上の要衝としての位置はしかし、アフガニスタンに多くの文化的な恩恵をもたらした。同国はシルクロードの南ルートが通過するなど、東西の交易の中継点として栄え、歴史上さまざまな文化や宗教が幾多の民族によってもたらされ、バーミアンやハッダなどの古都を舞台に交錯し、混淆した。

アフガニスタンが、「文明の十字路」や「文明の回転テーブル」と呼ばれるのはこのためだ。

日本に伝来した仏教も、インドのガンダーラ地方から一旦西方に出た後、アフガニスタンを経由し中国に伝わった、いわゆる北伝仏教であることは広く知られている。ちなみに、唐の僧侶であった玄《げん》奘《じょう》三蔵《さんぞう》は、仏教の原典を学ぶべく六二七年に、長安を発ち天竺（インド）を目指すが、その一七年にもわたった大旅行の行き帰りでアフガニスタンに立ち寄っている。彼はバーミアンのことを「伽藍は数十箇所、僧侶は数千人おり、信仰がはなはだ厚い国」と、後に書かれた『大唐西域記』の中で記している。三蔵はまた、バーミアンの渓谷を見下ろす「黄金に輝き、宝飾がきらきらしている」二体の大石仏にも言及しているが、この石仏が一四〇〇年後の去る二〇〇一年三月に、タリバンによって破壊される運命にあることを知る由もない。

2　緩衝国としての近代、日本との繋がり

アフガニスタンの近代は、ユーラシア大陸をめぐる、超大国間の覇権争い抜きには語れない。この壮大な地政学上の攻防は、「グレートゲーム」と俗に呼ばれるが、(3)遠く極東の日本までをも巻き込み、一九世紀から連綿と続いてきた。アフガン紛争の本質を理解するうえで、グレートゲームの変遷と、その中でアフガニスタンが果たした緩衝国としての役割の考察を、避けて通ることはできない。

最初のグレートゲーム

最初のグレートゲームは、一九世紀に大英帝国と帝政ロシアの間で戦われた。両国のアジア支配をめぐる攻防に触発されて近代化の道を歩んだ日本は、日清・日露の戦役を通し、このゲームの直接の参加者となった。

大英帝国が東インド会社を設立したのは一六〇〇年のことだ。英国はこれを基盤に、インドでの影響力を着実に広げ、徐々にムガール帝国を実質的な支配下に置くことになる。英国は一七五七年に、フランスと土侯の連合軍をプラッシーの戦いで破り、インド支配における優位を確立する。英国によるインドの直接統治は、セポイの反乱後の一八五八年に始まったが、この前後からその植民地主義の触手は東アジアにも伸び始めた。

一方ロシアは、モスクワを中心とした中央集権国家が形成された一五―一六世紀以降、シベリアを中心としてユーラシア大陸の東部への拡張を開始した。ロシアの東漸は緩慢だが着実に達成され、一七〇六年にはピョートル大帝がカムチャツカ半島の領有を宣言するに至る。その後もロシアの膨張は止まらず、一九世紀中盤にはユーラシア大陸の東岸一帯に達する。ロシアは一八五六年に、太平天国の乱に苦しむ清朝に強要して愛琿条約を締結し、アルグン川と黒竜江を両国の国境とし、ウスリー江以東の海岸地域（沿海州）を共同管理とした。さらにアロー戦争（第二次アヘン戦争）後の一八六〇年には、調停者としての役割を梃に、清朝と交戦した英国やフランスとは別に北京条約を結び、沿海州における単独支配を認めさせ、現代に至る中露の国境線の原型を確立した。

ロシアが拡張の方向をユーラシア大陸の南に転じたのは、ナポレオン戦争後に欧州の国境が確定した一九世紀初頭だ。ロシアの南進の速度は東進のそれを遙かに上回り、一八一三年にはまず、グルジアやバクーを含むアラス川以北のコーカサス地域を、ペルシャ帝国から獲得した。時をおかずロシアは、カスピ海東岸のチンギス・カーンの末裔が治める中央アジアの汗国への進出を開始した。ロシアは一九世紀の中盤以降、サマルカンド、ブハラ、キヴァの王国を次々に併呑し、世紀の終わりまでにアフガニスタンを除く中央アジアのほとんどをその影響下に組み入れた。その結果、帝政ロシアと大英帝国支配下のインドを隔てる距離は、一九世紀の初めに三六〇〇キロメートルほどあったのが、世紀の終わりには三六キロメートル以下に激減していたという(4)（**巻末「ロシアの勢力拡張図（一六世紀、一九世紀初頭、二〇世紀初頭）」参照**）。

ロシアの急速な膨脹は、英国を震撼させた。英国にとって、中央アジアのロシア化は、インドの植民地支配への直接の脅威を意味したからだ。かくして、英国はこれ以上のロシアの浸透を阻止すべく活発な工作を行った。この対ロ工作の焦点となったのがアフガニスタンだ。

英国はアフガニスタンをロシアの南進の防波堤とするため、歴代のアフガン王朝に対し経済援助など様々な懐柔工作を行った。懐柔が効力を持たない場合、武力に訴えて傀儡政権を打ち立てるなど、なり振りかまわない強引な介入も行われた。第一次と第二次英ア戦争（一八三九―四二年と一八七八―一八八〇年）は、まさにこのような中央アジアのロシアによる隷属化を背景に、英国がカブールに親英政権を押し付けるために行われた紛争だ。ちなみに、第一次英ア戦争は、インドから侵攻した数千人の英国部隊が、アフガン人ゲリラの巧妙な抵抗のため全滅するなど、無残な失敗に終わった。

第一次英ア戦争とほぼ同じ時期、英国はインドを挟んで東側の中国とも戦争をしていた。この清国への麻薬輸出をめぐって一八四〇年に勃発したアヘン戦争は、英国の一方的勝利の裡に終わる。敗れた清国との間に南京条約が一八四二年に締結され、香港島の割譲や広東、厦門、福州、寧波、上海の五港の開港などが定められた。中国での橋頭堡を得た英国は、これを機会に、大陸で残された最後の非植民地である東アジアへの進出を本格化する。同じ時期に、ロシアは北から中国北東部に迫っていたが、英露という時の二超大国が、ユーラシアの全域で繰り広げた攻防の全体像を垣間見ることができ、たいへん興味深い。

英国とロシアはしかし、中国で直接対決することはない。東洋の端の後発の島国が、突然この英露のグレートゲームに割って入ったからだ。

日本の近代は、英露のグレートゲームによって触発され、進展した。最初に決定的な影響を与えたのは英国であった。英国が清朝との間で起こしたアヘン戦争は、欧米列強の植民地主義の野望を赤裸々に露呈し、アジア諸国に強い警鐘を鳴らした。西洋の軍事力を前に清国のあえない敗北は、鎖国の中で眠っていた日本の覚醒を促し、その封建制度の土台を揺るがす遠因となる。近代へ向かって流れ出した源流は、一八五三年の黒船の来航を経て激流となり、一五年後の明治維新へとつながった。

維新後、近代国家として力をつけた日本が直面したのは、ロシアの南下の圧力だ。(5) 日本は一八九四一九五年に日清戦争を戦い、朝鮮半島での覇権の確立のみならず、遼東半島の割譲など、中国東北部への進出を果たすかに見えた。しかし、同様に中国への進出を目論むロシアは、素早くドイツとフランスを加えて三国干渉を行い、日本に遼東半島の還付を強いた。その後、同地域をめぐる日本とロシアの対立は悪化の一途を辿り、一九〇〇年の北清事変を経て、一九〇四年には日露戦争に突入する。

東アジアへのロシアの膨脹を牽制するため、英国は日露戦争勃発の二年前の一九〇二年に日英同盟を結び、日本の戦争努力を間接的に支援する態勢を整えていた。日露戦争は一九〇五年に日本の勝利に終わるが、その結果日本の朝鮮半島と中国東北部における覇権が確立し、数世紀にわたって続いたロシアの東漸に歯止めがかかった。

英露によって争われた最初のグレートゲームは、日本の参入によって大詰めを迎える。近代における日本のアジア外交は、直接かかわりのあった朝鮮半島や中国との関係に限られた近景を通して語られることが多い。しかし、その遠景には、遙か中国の彼方の西域で、同じ時代を共有したアフガニスタンの姿が、大陸と対峙して生きざるをえなかった日本の近代と重なり合って、蜃気楼のように浮かんでくる。日本とアフガニスタン。一見何の関係もない、それぞれアジアの東と西のはずれに位置する両者の運命が、ユーラシア大陸を舞台とする近代初頭の激動の中で交錯した瞬間であった。

最初のグレートゲームが、日本とアフガニスタンの近代の黎明期に与えた影響は計り知れない。日本はその後、近代国家としての道を突き進んだ。一方アフガニスタンは、緩衝国としてのくびきから脱し切れず、自らの近代化に失敗したうえ、国家としての統一性を徐々に失っていく。

第二次英ア戦争の後、アフガニスタンは実質的な英国の保護下に置かれ、現在の国境線がほぼ確定した。英領インドとの国境は一八九四—九六年に画定されたが、これは境界画定の交渉に当たった英国人将校の名前にちなんでデューランド・ライン（Durand Line）と呼ばれる。(6) 中国とはもともと国境を接していなかったが、拡張を続けるロシアと英国支配下のインドとの直接の接触を避けるため、中国とアフガニスタンをつなぐパミール高原のワクハン地帯が後者に帰属することになり、両国を幅わずか九〇キロの短い国境が結ぶことになった。アフガニスタンは一九一九年の第三次英ア戦争の後、英国から外交権を取り戻し、独立を果たす。

二〇世紀に入り大英帝国の力の衰退と、ロマノフ王朝の滅亡に伴う帝政ロシアの廃止により、最初のグレートゲームは終焉する。

米・ソのグレートゲーム

第二のグレートゲームは、第二次大戦後に新たな超大国として台頭した米国と、ソビエト連邦の間で争われた。アフガニスタンをめぐる米ソの覇権争いは、東西イデオロギー対立を背景に冷戦の期間を通し燻り続けていたが、一九七九年のソ連軍のアフガン侵攻を機に本格化し、一〇年近くにわたって熾烈な代理戦争が行われた。日本も、この争いに米国の同盟国として積極的に参加した。

英国のインド支配は一九四七年に終わりを告げ、インドとパキスタンの二つの新独立国家が出現した。英国の植民地国としての影響力の消滅は、アフガニスタンの緩衝国としての役割の一時的な停止を意味したが、無風状態は長く続かなかった。アフガニスタンは当初、米ソ双方から開発援助などの経済的支援を受けたものの、政治や軍事面ではソ連寄りの傾向を次第に強めていった。

第二次大戦後のアフガニスタンは、政治面で専制的な王政が続く一方、経済面では中央政府により統制された開発計画が実施された。アフガン政府はこの経済開発計画を賄うため、一九五五年よりモスクワから大規模な経済援助を受け始め、翌年からはソ連型の五か年計画を開始した。アフガニスタンは軍事面でも、武器の供給や部隊の訓練をソ連に依存するようになった。ソ連は一九五六年から一九七八年の間に、一二・七億ドルにのぼる経済援助に加え、ほぼ同額の軍事援助をアフガニスタンに供与したといわれる。直接の軍事援助の他に、延べ四〇〇〇名近くのアフガン人将校が、同じ期間にソ連で訓練を受けた。一方、米国は同じ一九五六年から一九七八年の間に、合計五・三億ドルの経済援助をアフガン政府に与えた。

歴代のアフガン政権はこのように、米ソ超大国の間の緩衝国という立場を利用して、巨額の援助を外部から受けることに成功した。しかし、国内産業基盤の発展とは直接関係ない外部からの安易な資金流入はかえって、アフガニスタンの財政と経済の近代化を阻害した。一九五八年から一九六八年の間、アフガン政府の年間支出の財源のうち、経済援助やソ連への天然ガス輸出など、自らの力で統制できない外部からの収入が占める割合は、常に四割を超えていたという(7)。

この外部からの膨大な収入の恩恵は、カブールなど主要都市にしか施されず、国土の大部分を占める地方は開発援助の枠外に取り残された。結果として、かりそめの発展を謳歌する都市部と、中世の闇の中に眠る地方との乖離が広がり、近代化の過程に修復不能な歪みが生じた。アフガン紛争の後半はムジャヒディン（イスラム聖戦機構）各派とタリバンの間で戦われるが、前者の指導者のほとんどは六〇年代以降にカブールで高等教育を受けた者である一方、後者の指導者は田舎の出身で、七〇年代以降に地方で唯一の教育機関であるイスラム教神学校を卒業した者たちである。紛争の深層にある近代化の歪みを象徴する都市と地方の対立が、計らずも両紛争当事者の姿を借りて現出したといえる。

南隣のパキスタンとの関係は、デューランド・ラインの認定と、その両側に居住するパシュトゥン族の独立問題をめぐり、当初から摩擦が絶えなかった。両国の関係は一九六一年に、外交関係が断絶されるとともに国境が閉鎖されるなど、最悪の状態となった。アラビア海へのアクセスを牛耳るパキスタンとの関係悪化は、陸封国であるアフガニスタンの経済に重大な悪影響を及ぼし、北隣のソ連へのさらなる依存を強いた。

アフガニスタンは六〇年代から七〇年代の初めにかけて、短命ながらも比較的民主的な時代を経験する。この時代の象徴は、一九六四年に発布された民主的な要素を多く含んだ憲法であった[8]。翌六五年には、新憲法のもとで史上初の女性の参加が許された総選挙が行われ、上院と下院が設立された。国民教育の裾野も広げられ、王族など保守的な少数のエリート集団に属さなくとも、多くの国民が高等教育を受けられるようになった[9]。ところが、このような選挙の実施や教育の拡充も、王政維持を目的とした体制内の改革に止まり、社会の安定化にはつながらなかった。

この六〇年代は後に「新民主主義（New Democracy）」の時代として、アフガン国民になつかしがられる。しかし、皮肉にもこの解放の時代こそが、緩衝国として生きたアフガニスタンの近代化の矛盾を国民の前にさらけ出し、七〇年代から始まる大混乱の原因を生み出した。共産主義を信奉する極左集団や、イスラム原理主義勢力の萌芽が見られたのもこの時期だが、彼らの政治勢力としての台頭は決して偶然の産物ではない。限定的な解放策のお陰で六〇年代に芽吹いたこれらの諸勢力は、その後三〇年にわたり、近代化に失敗した祖国の再生と自立を求め、次々と彼らなりの試行錯誤を重ねる。その過程で、共和制、共産主義、イスラムへの回帰が順次試みられたが、すべて無残な失敗に終わった。それぞれの試みが失敗するたびに、アフガニスタンはより悲惨な状況に陥り、ゆっくりと深遠の淵へ向かい転落していった。

政情が不安定化するなか一九七三年に、王族の一員であったムハンマンド・ダウド元首相によるクーデターが発生した。当時外遊中であったザヒル・シャー国王はイタリアへの亡命を余儀なくされ、二世紀半余り続いたデュラニ王朝の歴史に終止符が打たれた。

ダウドは直ちに共和制を宣言し、自らその指導者として政権の運営にあたった。しかし、表向きの建て前とは裏腹に、その実質は血縁主義に偏った独裁政治であった。一党独裁制を確立するため、一九七七年には新たな憲法が制定され、反政府勢力に対する弾圧が行われた。仮借ない弾圧は、人民民主党（ＰＤＰＡ）などの共産主義勢力のみならず、軍の将校や政府の文官にもおよび、強い反発を政権の内外から招いた。外交面でダウドは、ソ連重視の立場を改め、モスクワと距離を置いた政策を取ろうとした。この政策転換は、ブレジネフ書記長をはじめとするソ連指導部に「ダウド政権が非同盟政策を破棄し米国に接近する」との懸念を抱かせた。ソ連はダウド政権の西側への接近を阻止するため、軍部などアフガニスタンの共産主義支持者への支援を本格化した。

ダウド政権による弾圧への反感は一九七八年四月に爆発し、カブールに駐在する軍の指令官の一部が決起した。反乱軍はダウド大統領一族を銃撃戦のうえ殺害するとともに、革命評議会を結成し、PDPAのムハマンド・タラキ書記長をその指導者に任命した。

タラキが率いるPDPA政権は、土地改革や教育制度の変革など抜本的な社会・経済改革を強行したが成功しなかった。宗教や社会的伝統を真っ向から否定する過激な改革はむしろ、地方に根強く残るイスラム教を基盤とする保守主義を刺激し、反政府運動が激化した。党内抗争の末、タラキは一九七九年九月にハフィズラ・アミン首相によって追放され、翌月に殺害された。革命評議会の議長に就任したアミンは、タラキと同様に非妥協的な革命路線を押し進め、事態の混迷は深まるばかりだった。

米国との関係は悪化の一途を辿った。タラキのPDPA政権は、反政府勢力を米国が支援していると非難する一方、ソ連からの軍事援助や経済援助への依存を強めた。一九七九年の二月には米国の駐カブール大使が誘拐され、誘拐犯とソ連人顧問に率いられた警察部隊の間の銃撃戦に巻き込まれて死亡するという事件が発生した。米国はこの事件を機に、アフガニスタンへの経済援助の中止を決定した。

ソ連との関係も、波乱含みであった。アミン政権はその強硬政策のために、米国ばかりではなく、アフガン政情の急速な不安定化を憂慮するソ連とも、深刻な対立関係に陥ったのだ。アミンが居すわる限り政情のさらなる悪化が不可避と見たソ連指導部は、直接介入を決意し、同年の一二月二七日にソ連軍の大部隊がアフガニスタンへ雪崩れ込んだ。介入に呼応して起こったクーデターによりアミン議長が処刑され、バブラク・カルマル元副議長が全権を掌握した。かくして、ワルシャワ条約機構の域外で最初で最後の、ソ連による全面的軍事介入が開始された。介入の結果ソ連は、史上初めて中央アジア全域をその支配下に組み込み、帝政ロシア以来の南進の夢を果たすかに見えた。

ソ連の侵攻は、それまで燻り続けていた米国との対立を決定的にし、一気に沸点まで押し上げた。アフガニスタンは今や、東西イデオロギー対立の発火点の一つとなり、世界の注目を集めた。新たなグレートゲームの本番の幕が、華々しく切って落とされた。

米国にとってアフガニスタンのソ連化は、南アジアや中東への直接の脅威の出現を意味し、とうてい黙認することはできなかった。巻き返しのため、アフガン反政府勢力への膨大な資金援助、情報提供、武器供与や軍事訓練など、直接の軍事介入以外のすべての措置が取られた。反政府勢力の統合も促進され、パキスタンのペシャワールを根拠地とする七つのムジャヒディンを、武器の供給や訓練を通して支援することが決定した。(10)

米国がパキスタンを経由してムジャヒディン各派に供与した軍事援助は、ソ連が侵攻した翌年の一九八〇年には三〇〇〇万ドルであったが、年々うなぎ登りに増額され、一九八七年度から一九八九年度には年間六億三〇〇〇万ドルの高水準に達した。共産主義者と戦うイスラム組織の支援という名目で、ほぼ同額の援助がサウジアラビアからもなされた。対ソ戦の頂点であった一九八六年から八九年にかけて、米国やサウジアラビアなどからムジャヒディンに供与された援助の総額は年間一〇億ドルを下らなかったという[11]。米国からの援助の中には、ゲリラ兵士が一人で携帯し発射することが可能な、スティンガー地対空ミサイルが含まれていた。この新兵器はソ連軍のヘリコプターに対し絶大な威力を発揮し、ムジャヒディンの戦闘能力を大幅に高めた。

日本など、直接の軍事的協力ができない国は、パキスタンやイランなどの周辺諸国に逃れた六百万人にのぼるアフガン難民に「戦略的人道援助」を与え、米国の対ソ戦略を側面から支援した[12]。日本が一九七九年度から一九九一年度の間に拠出したアフガン難民への援助は、総計六二七億円の巨額に達した。

ソ連は最大時一一万人余りの大部隊をアフガニスタンに駐留させ、共産党政権の浮揚を図った。しかし、この大部隊をもってしても、武器弾薬など、ムジャヒディン向けの軍事物資が流れ込むパキスタンとの国境を効果的に封鎖することができず、反政府ゲリラ勢力の鎮圧はおろか、その戦闘能力を低下させることすらできなかった。むしろ、米国の全面支援のもとに頑強に抵抗するムジャヒディンを相手に犠牲が増えるばかりで、ソ連国内や派遣兵の間で厭戦気分が広がった。ソ連は一九八五年に、内政改革が一向に進まず足元がふらつくカルマル議長を解任し、諜報局（KHAD）の長官であったナジブラ政治局員を後任に当てた。しかし、この人事刷新も政局の安定につながらず、じり貧の状態が続いた。ソ連国内では一九八五年にゴルバチョフ政治局員兼書記が共産党の書記長に就任し、ペレストロイカ（改革）新政策のもと、無用な犠牲と過度の財政負担を伴うアフガニスタンへの介入から手を引くための模索が始まった。

ソ連国内で撤退機運が高まるにつけ、スイスのジュネーブで一九八一年より国連の仲介で継続されていた、アフガニスタンとパキスタンの外相による間接的和平交渉で、実質的な進展が見られるようになった。ソ連は一九八六年に、アフガニスタンからの六つの連隊の撤退を表明するなど、次第に軟化の兆しを見せ始め、和平交渉の促進に間接的に貢献した。米ソを交えた粘り強い交渉は、二年後の一九八八年に締結されたジュネーブ和平合意に結実し、ソ連軍のアフガニスタンからの完全撤退が決定した。

ソ連はアフガニスタンから撤退したものの、一旦傾き始めた体制を立て直すことができず、連邦自体が一九九一年に解体した(13)。ゲームの相手が退場した後、時をおかず米国も、戦略的価値の消滅したアフガニスタンから手を引いた。第二のグレートゲームは終焉し、後には冷戦中に蓄積されたあり余るほどの武器と、未解決の内戦状態が残った。同盟国としての役割を果たした日本の視界からも、アフガニスタンの姿は急速に消えていった。国際社会の関心が急速に薄らぐなか、アフガン国民の運命は、骨肉の権力闘争に没頭するムジャヒディン各派と、それぞれの思惑から彼らを支援する地域の覇権主義国家の手に委ねられた。

3　国連和平活動の始まり（一九七九―九〇年）

冷戦期の活動とその限界

国連がアフガン紛争に関与し始めたのは、ソ連軍がアフガニスタンに侵攻した一九七九年以降のことだ。しかし、冷戦期間中の国連の役割は、米ソ超大国の間のバランスの上に立った仲介の域を出ず、内戦解決へ向けた十分な指導力を発揮することができなかった。これは、国連の和平活動全体が、冷戦構造の制約下にあり、地域紛争が超大国間の直接対決にエスカレートすることを防止するための危機管理という枠を超えなかったためだ。

ソ連が介入したのは七九年一二月だが、あからさまな武力の行使に対して西側のみならず、非同盟諸国の間からも強い非難が巻き起こった。国連では五二にのぼる加盟国が「ソ連の介入は、地域の不安定化をもたらし、国際の平和と安全にとって脅威である」と断定し、安全保障理事会の緊急開催を要請した。

ところが、安保理は翌八〇年の一月五日から九日にかけてソ連の武力介入に関する問題を取り上げて審議を開始したものの、たちどころに機能麻痺に陥った。ソ連は「介入は七八年の友好条約に基づきアフガン政府から求められたもので、安保理はアフガニスタンの内政に介入することはできない」

と主張し、逆に反政府ゲリラへの西側の支援を内政干渉として非難した。外国部隊の即時かつ無条件撤退を求める決議案が安保理に提出されたが、介入の当事者であるソ連の拒否権の発動のため、否決された。

安保理は現状打開のため、「平和のための結集決議」を援用して国連総会の緊急招集を求めた。[14] アフガン問題を審議するための特別総会は一月一四日に招集され、ソ連の武力介入を強く非難すると共に、「アフガニスタンからの外国部隊の即時、無条件かつ完全な撤退」を要求する決議案が採択された。[15]

交渉による紛争の政治的解決のため、当時のワルトハイム事務総長はペルーのジャビエル・ペレス・デクエアルを八一年に事務総長の代表に任命し、アフガニスタン及びその周辺のイランやパキスタンに派遣した。ジュネーブでは同年の八月に、アフガニスタンとパキスタンの外務大臣レヴェルの交渉が国連の仲介で開始された。翌年、デクエアル自身が事務総長に選ばれたため、エクアドル出身のディエゴ・コルドヴェスがアフガニスタン担当の事務総長代表の役割を引き継いだ。

ジュネーブ合意

国連の和平交渉は、冷戦の末期と重なった八〇年代の中盤以降に実質的な進展を見せるようになる。交渉では八五年の夏までに、アフガニスタンとパキスタンの間の相互不干渉や、米ソによるアフガニスタン独立の国際保証など、重要な点に関して基本的合意が成立した。最後まで未解決で残ったのは、外国部隊（ソ連軍）の撤退の時間的枠組みと、その検証方法であった。しかし、これらの障害も、国連のPKOを活用するという線で、八八年の初春までに解決された。かくして同年四月、米ソを加えた四か国の外相によりジュネーブ和平合意が調印された。この和平合意は、（1）アフガニスタンとパキスタンの間の相互不干渉、（2）米ソによるアフガニスタン独立の国際保証、（3）難民の任意の帰還、（4）外国部隊（ソ連軍）の撤退の手順、に関する四つの文書からなる。合意の履行を監視するため、PKOの設立と展開も和平合意に明記された。

このPKOは、「国連アフガニスタン・パキスタン仲介ミッション（UNGOMAP）」と呼ばれた。UNGOMAPは五〇名の軍事監視員から成り、コルドヴェス代表の指揮下で、同年の五月から展開された。和平合意の成立を前提にした典型的な「伝統的PKO」であるUNGOMAPの任務は、ソ連軍の撤退と難民の帰還の監視に加え、アフガニスタンとパキスタンの国境地帯の監視による、両国の相互干渉の抑止であった。[16] 当時合計一七の県に広がって展開していたソ連軍の撤退監視のため、ソ連との国境に近い北部アフガニスタンのハイラトンとトルグフンディや、西部のシンダンド飛行場に常設の監視所が置かれた。UNGOMAPは、翌八九年の二月に完了したソ連軍の撤退を見届け、九〇年の三月にその任務を終えた。

未解決のまま残されたアフガン内戦

ジュネーブ和平合意はしかし、アフガン紛争そのものの解決には程遠いものであった。この合意は紛争の外的側面、すなわちソ連軍の撤退問題の解決を目指したもので、米ソの間で戦われた第二のグレートゲームの幕引には貢献した。反面、紛争の内的側面、すなわち内戦の解決方法に全く触れておらず、不完全の観を否めなかった。

合意自体にしても、署名国はアフガニスタンとパキスタンの間の相互不干渉を定めた部分を真剣に履行するつもりは毛頭なく、内戦の当事者であるナジブラ政権とムジャヒディン各派への武器援助は事実上野放しのまま放置された。両者への軍事援助を、米ソが同時に削減し戦闘の継続を防ぐという案が出されたが採用されず、武器禁輸のために何ら効果的な措置も取られなかった。内戦の一方の当事者であったムジャヒディン各派が、ジュネーブ和平合意の形成の過程で直接参加を許されなかったことも、合意の欠陥の一例としてよく挙げられる。

当然の帰結として、ジュネーブ和平合意の後も、アフガニスタンの内戦状態に何の改善もみられず、アフガン人同士の戦闘は継続したままであった。一方、米国をはじめ日本など西側諸国の間では、ソ連軍の撤退により戦略上の重要課題であった紛争の外的側面が解決したので、「アフガン問題は一件落着した」という錯覚が蔓延した。アフガン内戦に関しては、「平和回復の究極的な責任は、紛争を続けるアフガン人自身にある」との責任転嫁の論理が主要加盟国の間で幅を利かせ、アフガニスタンの「内政問題」への直接関与に消極的な空気が国際社会の中で漂った。

当時、ソ連軍の駐留という後ろ盾を失ったナジブラ政権の、早期崩壊を必至とする見方が大勢であったが、この予測は当たらなかった。これは、ムジャヒディン各派の間の協力の欠如と、都市の攻撃のために無くてはならない近代戦の経験不足のためであった。ナジブラ政権は結局、ソ連軍撤退後も三年余り余命を長らえた。

注

(1) ボン和平合意に沿って二〇〇二年六月に行われた緊急ローヤ・ジルガに出席した代議員の民族別構成は、本書の第八章の注(2)を参照。緊急ローヤ・ジルガにはアフガニスタンの各地から、様々な部族や宗教を代表する合計一六五六名の代議員が出席した。

(2) アフガンの語源はペルシャ語でパシュトゥン人。したがって、アフガニスタンはもともと「パシュトゥン人の国」となる。しかし、現在のアフガニスタンでは「アフガン」は広くアフガン国民全般を指し、パシュトゥン族と非パシュトゥン族を分けるために使われることはない。

(3) Peter Hopkirk, "The Great Game", Oxford University Press, 1990.

(4) Ibid.

(5) 日本とロシアの関係は、一八〇七年の択捉襲撃事件や、一八六一年のロシア軍艦による対馬芋崎浦の占領事件などを契機として、明治維新前から既に緊張状態にあった。しかし、朝鮮半島や中国をめぐって両国が本格的に対立したのは維新後のことである。ちなみに、対馬の事件では当初、退去を求める江戸幕府の要請にロシアは耳を貸さず、英国が艦隊を急派して日本を加勢することにより、ようやく事なきを得た。

(6) Durand Line は、アフガニスタンと英国との間で一九二一年に締結された条約で確認されているが、タリバン以前の歴代のアフガン政権は、いずれもこれを国境として認めておらず、パキスタンとの紛争の一因となってきた。争点は国境線の画定のみならず、Line の両側に住むパシュトゥン部族の帰属や、「パシュトゥンニスタン」としての独立問題をも含み、両国の民族問題やナショナリズムとも絡む複雑な問題である。

(7)　Bernett R. Rubin, "The Fragmentation of Afghanistan", Second Edition, Yale University Press, 2002.
(8)　この六四年憲法の民主的な性格は、二〇〇一年のボン和平会議でも認められた。ボン合意はこの六四年憲法を、王政に関する部分などを除き、国家の暫定的な法的基盤として復活させた。この暫定措置は、二〇〇二年六月に発足した移行政権下で新憲法が起草され、第二回ローヤ・ジルガで正式に採択されるまで継続する。詳しくは付録のボン和平合意の邦訳全文を参照。
(9)　UNESCOの年間統計によると、アフガニスタンの高校生の総数は一九五五年から六五年の間に約一二万名から三倍強の四〇万名に急増した。同時期、大学以上の教育機関に在籍する学生の数も七五八名から四倍強の三四五一名に膨れ上がった。しかし、高等教育を受けたホワイトカラーの就職先はこの期間中ほとんど伸びず、彼らを過激な政治運動に追いやる一因となった。
(10)　パキスタン政府は一九八〇年に、ヘクマティアルの率いるイスラム党やラバニの率いるイスラム協会など、ペシャワールを根拠地として対ソ連に従事する六つのゲリラグループをムジャヒディンとして正式に「承認」した。これにサヤフの指導するイスラム統一体が後に追加され、合計七つのムジャヒディンが認知され、米国やサウジアラビアから供与される武器・弾薬を含む膨大な援助を独占的に受けられるようになった。
(11)　年間一〇億超の軍事援助を、米国が一九五五年から七八年にかけてアフガニスタンに与えた経済援助の年平均と比べると、約五〇倍となる。
(12)　「戦略的人道援助（strategic humanitarian assistance）」は、ソ連侵攻当時のカーター米国大統領の安全保障問題担当補佐官であったズビグニュウ・ブレジンスキーが提唱し、日本に強く迫ったものだ。憲法上の制約で軍事的な協力をできない日本であったが、ソ連の侵攻当初からアフガン紛争をめぐる米国の対ソ戦略に、同盟国として深く組み入れられていたことが分かる。
(13)　アフガニスタンへの軍事介入は結果として、多大な戦費と体制内の矛盾に喘ぐソビエト連邦そのものの崩壊を加速することになった。このためアフガン人の中には、「米国など西側諸国は、ソ連の崩壊に身をもって貢献したアフガニスタンに大きな借りがある」と主張する者がいまだに多いが、根拠の全く無いことではない。ちなみに、ソ連がアフガニスタン占領中に費やした費用は、年間五〇億ドルにのぼったという。

(14) 国連総会は一九五〇年一一月三日に「平和のための結集決議——337（V）」を採択し、平和に対する脅威や、侵略など平和の破壊行為が発生したにもかかわらず、安保理が常任理事国の間の不一致のために行動できない場合、独自の行動を取れることを定めた。総会は五六年にこの決議を援用した上で、最初の本格的なPKOである第一次国連緊急軍（UNEF I）を派遣し、エジプト軍とイスラエル軍の間に展開させて休戦監視を行った。アフガン危機の審議のため緊急総会の開催を要請した安保理決議はS/RES/462 (1980).

(15) 国連総会決議 A/RES/35/27. 安保理決議と違い、国連総会の決議は法的拘束力が無く、象徴的な意味合いしか持たない。

(16) 一般に、「伝統的PKO」とは冷戦期間中に生まれ、その政治的制約の中で育った国連の平和維持活動を指す。その役割は、紛争そのものの抜本的解決ではなく、地域紛争が大国間の直接対決にエスカレートするのを未然に防止することを目的とした、米ソ間の危機管理の範疇を出ない。この種のPKOが有効に機能する条件として、和平合意や停戦の成立、紛争当事者の協力、自衛以外の武器の不使用のいわゆるPKO三原則が挙げられる。冷戦後は、国連による地域紛争解決への期待が強まり、三原則にこだわらない「第二世代のPKO」が出現した。国連は必要に応じて、（1）内戦継続中で和平合意や停戦が存在しない状態、（2）無政府状態で紛争当事者が特定できない場合、（3）自衛の範囲を超えて武器を使用せざるを得ない場合、などでもPKOを派遣するようになった。このような新世代のPKOの例として、ソマリア、ルワンダ、ボスニアや東ティモールなどが挙げられる。

第二章　冷戦後の国連和平活動

冷戦終焉後の国連和平活動は、国連そのものが東西イデオロギー対立のくびきから解放され、徐々にその自主性と指導力を確立する過程と一致する。独自性を取り戻した国連は、超大国の恣意に振り回わされることなく、本来の目的であるべきアフガン内戦の政治的解決に、ようやく集中できるかに見えた。

しかし、冷戦の終結は同時に、米国など国連の主要加盟国にとって、アフガニスタンの緩衝国としての戦略的価値の消滅を意味した。グレートゲーム中で為された超大国による過度の干渉は、国際社会の無為と無関心にとって代わられた。

原油など天然資源にも乏しいアフガニスタンはもはや、「忘れられた紛争」に成り下がった。国連は加盟国からの十分な政治的支援を受けられぬまま、独自の和平活動に乗り出した。

1　平和創成活動の特徴

国連では脱冷戦期を通し、アフガン紛争解決のため、国連憲章第六章下の平和創成活動（peace-making activities）が行われた。これは、安保理や総会の要請により、国連事務総長が、交渉、調停や仲裁などの非強制の手段を用いて、平和の回復ために行う活動のことである。平和創成活動の特徴を、PKOなど他の国連活動と比較対照してみれば、以下のようになる。

（a）概念

平和創成活動とは、紛争勃発後に平和の回復の為に行われる活動のことで、停戦の成立や和平の合意などをその目的とする。

このような活動そのものは、何ら新しい概念ではない。国連は創設当時から、紛争の平和的解決を目指す活動に従事してきた。しかし、平和創成の概念が、国連が関与する和平活動全体の中で、その中核を成す一段階として明確に定義付けされたのは、冷戦終結後のことである。

国連は九二年に、ブトロス・ガリを新事務総長としてエジプトから迎えた。ガリ事務総長は就任早々の同年六月に、冷戦後の国連の役割に関する野心的な提言をまとめ、安保理に報告した(1)。この「平和への課題」と銘打たれた報告書は、国連が関与する紛争処理の段階を、予防外交（preventive diplomacy)、平和創成(peace-making)、平和維持(peacekeeping)、紛争後の平和再建(post-conflict peace-building)の四つの局面に分け、従来の紛争処理の観念より遙かに包括的な対応を提唱した。そのうえで報告書は、それぞれの局面を、状況に応じて有機的につなげる必要性を強調した。理論上にせよ、国際機関が史上初めて、紛争の顕在化の前に行う予防外交から、紛争終了後に平和の基盤を磐石にする為に行う平和再建まで、総合的に対処する構想を打ち出したことは、注目に値する。

ちなみに、国連事務総長が近年、独自のイニシアチブで頻繁に行う「静かな外交(quiet diplomacy)」は、そのほとんどが予防外交か平和創成活動の範疇に入る。この活動はその性格から、一般の注目を招き易い安保理や総会の決議を避けて行われることが多々ある。その場合、国連事務局が独自で「静かな外交」を行う法的根拠は、事務総長が「国際の平和及び安全の維持を脅威すると認める事項」について安保理の注意を促すことができると定めた、国連憲章第九九条に求められる(2)。

(b) PKOとの相違点

平和創成活動とは、紛争勃発後に行われる和平活動のことだが、回復された平和を守り育てるための平和維持活動(PKO：peacekeeping operation)とは、性格上も組織上も別種のものである。

平和創成活動は、激しい戦闘の最中など、平和の機運が熟さない厳しい環境の中で、紛争当事者間の力関係や利害のバランスに気を配りながら、根気よく為さざるを得ないことが多い。活動の内容は、安保理や総会が示す一定の原則や指針に従い、事務総長の裁量で決められる場合が多い。この点、安保理決議などにより、あらかじめ事細かく決められた任務の履行を目的とするPKOとは、大きな違いがある。活動の形態も、個々の紛争により千差万別で、活動が始まった後も、状況の変化により変幻自在である。

ときには数万人の規模で為されるPKOと違い、平和創成活動に要する組織は小規模で、せいぜい十数人程度で行うのが普通である。アフガン紛争における国連和平活動のほぼ全期間を通して見られたように、常任で働くのが、事務総長の特使とその補佐官の二人に、現地で駐在するわずか数人の政務官を加えただけ、という場合も多々ある。また、PKOは停戦監視のための非武装の軍事監視員（military observer）か、治安維持や紛争当事者の武装解除などのための軽武装の部隊から成る、いわゆる〝PKF〟と呼ばれる軍事部門を含むのが常であるが、平和創成活動は原則として非軍事部門だけで構成されている。(3) ただし、活発な戦闘が続くアフガニスタンなどの活動では、軍事情勢の分析を任務とする非武装の軍事顧問（military adviser）が、必要に応じて採用されることがある。

国連事務局内では冷戦中、事務総長室やPKOを統括する部署が、アフガニスタンに関する和平創成活動の主導権を握った。しかし冷戦後は一貫して、政治局が平和創成活動を采配した。(4)

（c）　平和創成活動の手段

平和創成活動の最大の特徴は、国連憲章第六章下の活動であるため、原則として紛争当事者に対し、強制力のある手段を使わないことだ。

非強制の手段しか持たない国連の平和創成活動が頼れるのは、国際社会の政治的支援を背景とした説得と仲介だけである。国際社会から十分な政治的支援を得られない場合、国連は十分な外交的圧力を紛争当事者にかけることができず、和平創成活動の成功はおぼつかない。平和活動を側面から支援するため、安保理が憲章第七章を発動して、経済制裁や武器禁輸などの懲罰的措置を、和平に非協力的な紛争当事者に課す場合がある。しかし、本書の後半で説明するタリバンとの交渉の場合のように、このような限定的な強制措置は、当事者の反発を招きこそすれ、平和活動の成功に直結する可能性は少ない。

国連事務総長は九〇年代を通し、アフガン紛争の解決のため、加盟国の政治的意志の結集を試みたが、果たせなかった。これは、アフガニスタンが、緩衝国としての戦略的価値を失ったうえに、石油などの天然資源に恩まれず、米国や日本など主要加盟国の歓心を買えなかったからに他ならない。

ところで、イラク軍を米国主導の多国籍軍が実力でクウェートから排除した九一年の湾岸戦争や、紛争当事者の一部の強制武装解除を試みた九二―九三年のソマリアでのＰＫＯ活動[5]は、平和の強制(peace enforcement)の範疇に入り、非強制的措置しか用いない平和創成活動や、防衛的な武器しか携帯しないＰＫＯとは、明確な一線を画する。

(d)　安保理・総会との関係

安保理は冷戦中から、アフガン内戦そのものの解決に、何ら効果的な役割を果たすことができなかったが、冷戦後もこの状態は続いた。「国際の平和と安全の維持」に主たる責任を負う安保理が、アフガン問題への本格的な関与を再開するのは、国際テロ活動の蔓延など、タリバンに関わる問題が顕在化する九〇年代後半になってからのことである。

安保理に代わって国連総会が、九〇年代の前半から中盤にかけて、アフガニスタンにおける平和創成活動を推進するうえで主導的な役割を果たした。総会はこの期間中を通し、アフガン紛争の平和的解決を要請する決議案を毎年採択するなど、事務総長の平和創成活動に法的根拠を提供した。しかし、この総会の決議は、安保理の場合と異なり強制力を持たず、事務総長の和平努力への一般的な道義的支援の表明に止まるのが常であった。総会はついに、周辺諸国によるアフガン内政への介入問題や、和平への非協力的な態度を取り続けるタリバンの対処など、一部の加盟国の利害に直結する問題では、決然たる態度を示すことができなかった。

(e) 紛争当事者の特定

脱冷戦期に頻発する地域紛争のほとんどは、主権国家内で起こる内戦だ。国家間の紛争と違い、この種の紛争では、当事者の特定に著しい困難を伴うことがある。

アフガン紛争の解決にあたり、国連は当初、ムジャヒディンなど既存の武装勢力に重点を置いて交渉した。しかし、どの司令官がどれ程の政治力を持つかなど、交渉の成功に欠かせない要素は常に流動的で、武装勢力のみに重きを置く交渉は、予期したほどの成果をあげなかった。本書の第三章で説明するように、国連は権力闘争に明け暮れるムジャヒディンが当事者能力を失ったと見ると、戦闘に直接関与しないアフガン人組織や個人へ交渉の範囲を広げ、新たな政治勢力の開拓を試みた。国連が接触した相手は、知識人、元政府官僚、宗教指導者、地方コミュニティの指導者、難民の代表、非政府組織(NGO)、女性団体など、広範囲の国民層に及んだ。

軍事情勢が流動的な国内紛争では、予期しない勢力が当事者として突如現れることもある。タリバン運動が九四年に出現した当初も、その政治的重要性について意見が分かれ、紛争当事者の特定において難しい問題を提供した。

(f) 中立性と不偏不党性

脱冷戦期の平和創成活動で重要なことは、その中立性(neutrality)の必要性に囚われるだけでなく、不偏不党性(impartiality)にも重きが置かれるようになったことだ。

この場合、中立性とは、国連が複数の紛争当事者との間で等距離を保ち、あらゆる状況下で全ての者を対等に扱うことである。そこに国連独自の価値判断や、自主性が入り込む余地は少ない。一方、不偏不党性とは、紛争当事者を原則として公正に扱うものの、国連は憲章や安保理決議などに示された一定の原則に従い、当事者の和平に対する態度や協力度に対し、独自の判断を下すことだ。その過程で、国連は必要とあらば、和平に非協力的な者や、重大な人権侵害を重ねる者を、事務総長報告書などの中で名指しで批判するなど、外交的手段を用いて対決することも辞さない。

国連の役割が米ソ間の危機管理に限定された冷戦中、事務総長はその和平活動において中立性以上のことを求められることはなかった。むしろ、東西両陣営の世界観が全く異なる中で、国連の在り様は無色透明に近いほど良しとされ、事務総長による独自の価値判断はタブーとされることが多かった。(6) しかし、冷戦の終焉と共に、国連を取り巻く政治情勢は一変した。東西イデオロギー対決の終焉は、国連を国際の平和と安全の最前線に押し出し、それまで大国間の争いにエスカレートさえしなければ放置されることの多かった、アジアやアフリカの内戦の解決を迫った。

内戦解決のため国連は、紛争国の国内政治に深入りすることを余儀無くされた。その過程で国連は、基本的人権の遵守、民主的な政府の在り方や、その代表を選ぶ基準など、以前は「内政問題」として手を付けられなかった事項に対しても、独自の価値基準の設定や、正邪の判断を迫られた。紛争当事者の側から見ると、彼等の利益に沿った国連活動は「中立」で、そうでない場合は「偏向した不公平な行為」として、非難と排斥の対象となる。冷戦後の国連は、ときにはこういった批判を恐れず、和平を押し進めることを迫られている。加盟国の真剣な政治的支援が得られない場合、こういった和平活動の成功が覚束ないことはいうまでもない。

アフガニスタンにおける国連の和平活動で、中立性より不偏不党性に重きが置かれるようになったのは、国連アフガニスタン特別ミッション（UNSMA）の活動の中・後期にあたる九七年以降のことである。重大な人権侵害を続け、和平にも非協力的なタリバン運動と、国連を支援するという表向きの立場とは裏腹に、アフガン人諸勢力への軍事的支援を堂々と続ける周辺諸国との対決が、和平の達成のために避けられないと判断されたためだ。具体的な対立の構図や、国連と紛争当事者との交渉における激しいやり取りは、本書の第四章と第五章で細説する。

(g)　国連が目指す平和

平和とは戦争のない状態のことではない。停戦など戦争行為の終わりは、平和への第一歩であって、終着点ではない。国連が目指す平和とは、紛争の再発を防ぐために欠かせない、より良い統治の為の、健全で安定した政治制度の構築を意味する。平和創成活動と、平和の再建活動の円滑な連携が重要なのはこのためだ。

平和活動の目的を戦闘の停止のみに限定してしまうと、一時凌ぎの結果しか期待できない。むしろ場合によっては、キプロスや中東などのように、紛争そのものを恒久化する恐れさえ生ずる。永続的で安定した平和を達成するためには、紛争地の国民の声をより広く公平に反映する政治制度の創設が必須だ。ここでいう政治制度とは、議会など立法府、内閣など行政府、裁判所など司法府など、広義の政府機関の全てを指す。

平和を達成するため国連は、選挙など民主的な手段を奨励しつつ、紛争国の政府機関の再建を助けることになる。もちろん、これは議会制民主主義など、国際的な価値観を一方的に紛争当事者に押し付けることを意味しない。何が当該国にとって最良の選択であるのかは、最終的にその国民と彼らの代表の判断であり、国連ができることは専門知識に基づいた忠告をしたり、治安維持のためＰＫＯや警察部隊を展開して、当事者が理性的で自由な意思決定ができる環境を作り出すだけだ。

ちなみに、ボン和平会議では、拙速をさけるため二年半にわたる長期の移行期間を設け、その間に伝統的な意思決定制度であるローヤ・ジルガ（国民大会議）を二度行い、徐々に状況を安定化させた後に、自由で公正な総選挙を行うよう決められた。一旦決定が為されれば、国連活動は平和創成から平和の再建に切り替わり、選挙監視、法制度の拡充の支援、警察官の再訓練、軍の解体と武装解除、動員解除された元軍人の職業訓練、新国軍の編成などを通し、当該国の意向に沿った政府機関の再建を全面支援する。アフガニスタンにおける平和の維持は、PKOではなく、安保理が承認した多国籍軍である国際治安支援部隊（ISAF）に任された。

平和の再建において、国連は政府機関の再生などの政治的活動のみならず、道路、橋、通信網などのインフラの再整備、農業の再興のための潅漑設備の補修、教育や医療機関の再建、などのさまざまな種類の復興・開発援助を積極的に行う。これは、民生の安定と発展なくして、真の政治的安定を達成することができないためだ。民主主義にしても、健全な中産階層と市民社会の育成なしに、社会に根付くことはない。紛争地の復興と経済の発展が、平和の再建の不可分の要素であるのはこのためだ。アフガニスタンでこれらの復興支援活動を担うのは、国連開発計画（UNDP）、世界銀行（WB）、アジア開発銀行（ADB）などの諸機関だ。

復興援助活動と並行して、難民の帰還の促進、女性や子供などの弱者の保護、食料・医療援助など、和平の達成以前から行われていた人道援助が強化される。これは、復興支援活動が本格化し、戦災地の住民がひとり立ちできるまで、相当の時間的余裕が必要となるためだ。この種の活動を行うのは、国連難民高等弁務官（UNHCR）、国連人権高等弁務官（UNHCHR）、国連児童基金（UNICEF）、国連食糧農業機関（FAO）、世界保健機構（WHO）などの諸機関だ。復興援助にしろ、人道援助にしろ、その実施にあたっては、国連と非政府機関（NGO）との協力が重要であることは周知のとおりである。

紛争終結直後の二〇〇二年一月に、東京で開かれたアフガニスタン復興支援国会議では、数年間で四五億ドルにのぼる巨額の経済援助が約束された。この背景に在るものこそ「生まれたばかりの平和を磐石にするためには、国際社会による長期の本格的な復興や人道援助が不可欠だ」という、近年加盟国の間で定着しつつある、和平と復興・人道援助の間の相互補完関係を認め、強化しようとする動きだ。

2　冷戦後の和平活動の推移（一九九一―九三年）

最初の国連和平努力

国連が最初にアフガン紛争解決のために指導力を発揮したのは、ソ連軍撤退後に内戦が激化した九一年のことだ。

当時のデクエアル国連事務総長は九一年の五月に、(1)主権の尊重と領土の保全、(2)アフガン国民の自決権の尊重、(3)自由で公正な総選挙までの中立な暫定政権の設置と停戦、(4)アフガン諸勢力への武器の供与の停止、(5)人道援助と難民の帰還、を柱とした五項目の和平案を提示した。(7)この場合、(3)の「中立な暫定政権」とはムジャヒディンのみならず、国王派や他の穏健な政治勢力を糾合した緩やかな連合のことを指す。アフガニスタンのナジブラ政権とパキスタンは、和平案の支持を公式に表明し、他の関係国もこれに倣った。

しかし、当時既にソ連の衰退は誰の目にも明らかで、米国は「国連主導の和平努力を歓迎する」との公式の立場とは裏腹に、ナジブラ政権が生き延びる可能性を残した和平案を本気で支援する必要性を認めなかった。むしろ、米政府の内部では、中途半端な妥協より、ムジャヒディンへの支援を続け、ナジブラ共産党政権の打倒による「完全勝利」を目指すべきだと考える者が多かった。これが、国連和平案への曖昧な態度につながり、その運命を決定付けた。米国の意向を敏感に感じ取ったムジャヒディン各派は、国連の和平案の拒絶を明確にした。

米中央情報局(CIA)は、パキスタン軍の統合情報局(ISI)と共に、ムジャヒディン各派への支援を通して、八〇年の後半からナジブラ政権に対する攻勢を強化させた。この攻勢の目的は、(1)難民の帰還を妨害してナジブラ政権の孤立化を深め、その脆弱性を国際社会に印象付ける、(2)ナジブラ政権と穏健な反政府勢力の接近を阻み、国連和平案に沿った国民和解政府樹立への道を閉ざす、などにあったといわれる。あくまで共産党政権の打倒を目指すCIAと、仇敵インドと対抗するためイスラム原理主義政権のカブールでの樹立を目論むパキスタン軍部は、それぞれの動機が違いこそすれ、ナジブラ打倒という目的において利害の一致を見た。

ところで、七八年から八八年まで大統領を務めたジア・ウル・ハク将軍以来、パキスタンは常にアフガニスタンを、インドとの関係において「戦略的深み（strategic depth）」と位置付けてきた。これは、カシミール地方の帰属をめぐって緊張が続くインドと再び戦争が起こった場合「アフガニスタンはパキスタンにとって、武器の備蓄や軍用機の緊急避難などのための後方支援基地として不可欠だ」という軍事上の要請に基づいた考えだ。この考えは、八〇年代から軍の中に広く浸透し、「アフガン問題は、カシミールと並び国家の安全保障に直結する問題なので、政策決定にあたっては軍が文民政府に代わり主導権を握るべきだ」という主張が、将校たちの間で幅を利かせた。

国内政治に絶対的な影響力を持つ軍部のこの思い込みは、歴代パキスタン政権のアフガン政策を極端に硬直化させた。このためパキスタンは九〇年代を通し、アフガン国民の利害とは何の関係もない「戦略的深み」の達成のため、ヘクマティアルやタリバン運動など、最も原理主義的なパシュトゥン勢力を盲目的に支援することになる。(8)一方、国王派や、民主主義を票棒する知識人、技術者や元政府官僚などの穏健勢力は、米国やサウジアラビアから流れ込む膨大な資金援助の享受者リストから意図的に排除され、政治勢力としての衰退を余儀無くされた。(9)穏健な政治勢力の不在のつけは、後の国連の和平努力に重くのしかかってくる。

ナジブラ政権の崩壊

ナジブラ政権はソ連軍撤退後も、早期崩壊という大方の予想に反し、生命力の強さを示した。統一の指揮命令系統を持たないムジャヒディンは、農村などの地方部で優勢に立ったものの、首都カブールをはじめ全国の主要都市を守る政府軍を攻めあぐね、政権の基盤を揺るがすには至らなかった。

ところが、ソ連にとってその最後の年となった九一年に入ると、軍事情勢は一変した。同年一月に、カブールの南に位置するロガー県で反政府ゲリラ活動が激化し、三月には激戦の末に東部の要衝であるコストが主要都市としては初めて、ムジャヒディンの軍門に下った。コストの陥落は政府軍の意気を消沈させる一方、ムジャヒディンの戦意を高めた。ムジャヒディン部隊は九一年を通し、南部のカンダハールや西部のヘラトなど、アフガニスタン全土の主要都市への攻撃を敢行し、主要都市の間の連絡と交通の遮断に成功した。米国とソ連は同年の九月に、ムジャヒディンとナジブラ政権への武器供与を、それぞれ九二年の年頭をもって完全停止すると発表した。しかし、既にこの時点でナジブラ政権の頽勢は決定的で、軍事情勢に何の影響を与えることもなかった。

悪化する軍事情勢の中、ナジブラ政権は九二年の初春には進退極まった状態に陥った。ナジブラ大統領は三月、当時の国連事務総長代表であったベノン・セヴァンの要請を受け、国連案に沿って中立な暫定政権が反政府勢力により樹立された場合、直ちに辞任する旨を公式に表明した。大統領の辞任の意思表明は、ナジブラの和平プロセスからの排除を望む、ムジャヒディン各派の間にわだかまっていた最後の障害を取り除き、和平は一挙に進展するかに見えた。

しかし、事態は最後の段階で予想外の展開を見せる。辞任表明と同時に、それまで比較的堅固であると考えられたナジブラ政権の内部で動揺が生じ、加速度的な内部崩壊が始まったのだ。まず、北部のジョウジャン県を管轄する政府軍の師団長であったアブドゥル・ラシッド・ドスタム将軍が、三月に反乱を起こした。ウズベク族の有力指揮官であったドスタムの造反の結果、マザリ・シャリフがアフガニスタン北部の要衝としては初めてムジャヒディンの手に落ちた。続いてカブールの北に位置するバグラムと近郊のチャリカルが、タジク族系のアフマド・シャー・マスード司令官の手によって四月の上旬に陥落すると、政府内で不穏な空気が漂い始めた。

情勢の流動化は、当時隣国のパキスタンで延々と続いていた国連代表と反政府勢力の間の交渉にも、悪影響を与えた。ナジブラ政権の崩壊が近いと悟った交渉の参加者が、国連案を基にした暫定政権の樹立に、二の足を踏んだのだ。

当初の予定では、セヴァン事務総長代表は交渉をまとめて四月一五日か一六日に、暫定政権を選ぶ「政権移行準備評議会」のメンバーと共に、国連機でカブールへ移動する段取りであった。カブール到着後即座に、空港で待つナジブラから評議会に政権が委譲され、国連は前大統領となったナジブラを、同夜の内に同じ飛行機で国外に脱出させる手筈であった。しかし、パキスタンの首相官邸で八時間余りにわたって行われた詰めの交渉は、イスラム協会の党首であるブルハヌディン・ラバニなどの予想外の抵抗のため決裂し、国連は手ぶらでカブールに乗り込むことを余儀無くされた。(10)

セヴァン代表は時間切れ寸前の四月一六日の未明に、ナジブラの国外脱出を果たすため、単身でイスラマバードからカブールに飛んだ。しかし、時すでに遅く、セヴァンを乗せた国連機が着陸したときには、政権内でクーデターが発生しており、空港は反乱兵によって閉鎖された状態であった。ナジブラは官邸から家族やごく少数の側近を連れて車で脱出を試みたが、空港の直前で反乱分子によって押し戻された。ナジブラは命からがら市内に戻り、国連事務所に避難した。国連は人道上の見地から、ナジブラ一行の身柄を引き受けた。内戦の解決を目指した最初の国連の和平努力の、無残な結末であった。

ムジャヒディン連合政権の誕生と分裂

国連の和平努力の挫折により、ムジャヒディン勢力のみによる連合政権の誕生が事実上決まった。ムジャヒディン各派の中でも、ラバニとマスードのタジク族勢力が、優勢な軍事力を背景に首都カブールを占拠し、独裁色を強めていった。短期の例外を除き歴史上常に実権を握ってきたパシュトゥン族は、政権の外に追いやられた(11)。

ムジャヒディン各派は、彼らの拠点であるパキスタンのペシャワールで交渉を重ねていたが、一〇日後の四月二六日に独自の政権構想に合意した。このペシャワール合意に沿って、パシュトゥン族系の弱小派閥であるアフガニスタン民族解放戦線の指導者シブガトラ・モジャディディが、二日後にカブールで樹立される暫定政権を、二カ月の間だけ大統領として率いることになった。大統領職はその後、タジク族系のラバニに引き継がれることが定められた。ラバニの任期は当初四カ月に限定され、その後ローヤ・ジルガ（国民大会議）や総選挙を経て、新政権が樹立されるはずであった。

しかし、このムジャヒディンによる連合政権が機能しないことは、最初から明白であった。ナジブラ政権の崩壊は、ムジャヒディンが共通の敵を失ったことを意味し、各派の間の分裂が一挙に拡大した。一〇年近くにわたった対ソ戦を、イスラムの旗の下に共に戦ったムジャヒディン各派であったが、権力が目の前にちらつきだすと、たちまち険悪な関係に陥った。聖戦の戦士は堕落し、血で血を洗う権力抗争が始まった。

ナジブラ政権の崩壊から数日の内に、アフガニスタンの主要都市は全て、ムジャヒディンと反乱軍の間の様々な連合によって占拠された。マスード司令官は、ドスタム将軍などの反乱部隊と手を組んだうえで、四月二五日にカブールに乗り込んだ。これに、ハザラ族で構成されるイスラム統一党が加わった。熱狂的な原理主義者として知られるヘクマティアルに率いられたイスラム党の部隊も、マスードと同じ四月二五日に首都に侵入したが、たちまちマスードや他の非パシュトゥン系勢力と交戦状態に陥った。ヘクマティアルは、数日の激しい市街戦の後、市中から撃退された。

ヘクマティアルはしかし、首都から追い出された後もモジャディディやラバニの暫定政権に対し抗戦を続け、カブールをロケット弾で無差別攻撃する暴挙を行った。ソ連の占領中、首都カブールは戦火から免れほとんど手つかずの状態であったが、ヘクマティアルによって執拗に繰り返された攻撃により、市街の大部分が瓦礫の山となり、無辜の市民の中から数万の死傷者を出した。「カブールの破壊者」として歴史に名を留めるヘクマティアルに軍事的な支援を与え続けたのは、イスラム原理主義勢力による政権奪取に固執するパキスタン軍部であったといわれる。

ムジャヒディンの間の内紛は、各派の基盤を成す部族間の争いの様相を呈した。内紛は当初、ヘクマティアルが代表するパシュトゥン多数派部族と、タジク、ウズベクやハザラの非パシュトゥン系少数派部族との間の抗争という色合いが強かった。しかし、ラバニやマスードに率いられるタジク族と、ウズベク族やハザラ族との間の連合も、決して磐石というわけではなかった。(12) これに、イスラム教シーア派の教えを信奉するハザラ族と、スンニ派のパシュトゥン族の間でも宗派の違いによる抗争が起こり、事態を一層複雑化した。

イスラマバード合意――イスラム諸国による和平努力

ラバニとヘクマティアルの抗争は、ラバニが独自の基準で評議会を九二年一二月に開催し、自らの大統領としての任期の二年延長を強行すると、さらに悪化した。ラバニとマスードは政権運営の主導権を握ったものの、内戦は激化の一途を辿り、翌九三年一月には西欧諸国の外交官全員がカブールから退去せざるを得ない状態となった。

事態の悪化を憂慮した地域のイスラム教諸国は、挫折した国連の和平活動に代わり、ラバニとヘクマティアルとの和解を目的とした、独自の和平努力に乗り出した。パキスタン、イランとサウジアラビアによって推進されたこの和平努力により、九三年三月にパキスタンのイスラマバードで和平会議が開催され、反対勢力はヘクマティアルの首相就任を条件に即時停戦に合意した。[13]このイスラマバード合意に従い六月に、仇敵のラバニとヘクマティアルを、それぞれ大統領と首相とする新政府が名目上発足した。[14]

しかし、この地域のイスラム教大国による和平努力も、実を結ぶことはなかった。ムジャヒディン間の戦闘が九三年を通して続くなか、ラバニ政府はタジク族による独裁政権という性格を強め、他の勢力から孤立していった。同年の一二月にはドスタム将軍がヘクマティアル側に寝返り、ラバニとマスードのタジク勢力と交戦するに至り、イスラマバード合意の破綻は決定的となった。[15]タジク族が住む北東部とカブールの周辺のみを実効支配するラバニ政権は、政府としての機能を喪失し、アフガニスタンは群雄割拠の分裂状態に陥った。

無政府状態の中、翌九四年も内戦が果てしなく続いた。もはや誰の目にも、堕落した聖戦の英雄たちが、政権担当能力を持たないことは明白であり、アフガニスタンは自己統治能力を喪失した「破綻国家（failed state）」となる瀬戸際に立たされた。絶望と無力感に苛まれるアフガン国民の間で、不毛な権力闘争に明け暮れるムジャヒディンに代わる、新たな救世主を待ち望む声が高まっていった。

注

（1）Boutros Boutros Ghali, “An Agenda for Peace”, United Nations, DPI/1247, New York, 1992.

（2）国連憲章の中に、事務総長独自の外交活動を規定した条項はない。憲章の第九九条を事務総長の「静かな外交」の法的根拠とする論理は「安保理の注意を引くためには、国際の平和と安全に関わる問題に、事務総長自身が常々目を光らせ、直接的に関与していなければならない。そのためには、事務総長が自身の調査・分析能力を開発し、独自の外交的指導力を発揮する能力を持たねばならない」という三段論法の学説を基にしている。

（3）この〝PKF〟という名称は、日本でしか通用しない造語。国連事務局に、PKOの本隊業務と後方支援に携わる兵員を別扱いする慣習はないし、そのためにPKFという言葉が公式文書でも内部文書でも使用されたことはない。

（4）国連事務局内では、ボン和平合意の実行を支援するため人道・復興援助と和平再建活動を統合した国連アフガニスタン支援団（UNAMA）が二〇〇二年四月に創設されたため、同年の一一月よりPKO局が政治局に代わりアフガニスタンでの国連活動に主たる責任を負うようになった。

（5）国連のソマリアでのPKO活動の詳しい説明は『PKO新時代』（岩波書店、一九九七年）の第二章を参照。

（6）冷戦の期間中、国連事務総長が強い指導力を発揮するのはタブーであった。ダグ・ハマショルドは事務総長としての任期中、現在のPKOの原形となった第一次国連緊急軍（UNEF I）の設立など、斬新な案を次々と打ち出し、危機において強い指導力を発揮したが、同時にソ連など東側陣営の強い反感を買った。以降、冷戦の終結まで、事務総長には超大国にとって当たり障りのない官僚的な人物が選ばれる傾向が強かった。

（7）DPI Press Briefing, 21 May 1991.

（8）パキスタンが数あるアフガン反政府勢力の中で原理主義勢力だけを好んで支援した理由として、対インドとの関係の他にもう一つ案外知られていない要素がある。それは、原理主義勢力が他の穏健なアフガン反政府組織と比べ、汎イスラムの思想を熱烈に信奉する分それに反比例して民族・国家主義の色合いが薄く、建国以来の係争問題であるDurand Lineや「パシュトゥンニスタン」の分離・独立問題にあまり関心を示さなかったことである。「パシュトゥンニスタン」に関しては、第一章の注（6）を参照。

（9）パキスタンに「認知」されたムジャヒディン七派が、米国やサウジアラビアから供与される膨大な援助を実質的に独占したことは既に述べた。この七派の中でさえ、イスラム原理主義の色合いの薄い比較的穏健なイスラム勢力には、援助の総額の内わずか一五％ほどしか供与されなかったという。ムジャヒディン七派に関しては、第一章の注（10）を参照。

（10）ラバニが抵抗したのは、この時点で既に彼と同じイスラム協会のマスード司令官の部隊がカブールに迫っており、自派による首都の占拠が確実と見られたためだ。

（11）アマヌラ国王が一九二九年一月に追放された後、約九カ月の短期間、タジク族出身のハビブラが権力を握った。ハビブラは同年の一〇月に、パシュトゥン族の反攻に破れた後に処刑され、パシュトゥン族のナディル・シャーが国王になった。ナディル・シャーは一九三三年に暗殺されたが、息子のザヒル・シャーが若干一九歳の若さで王位を継承した。

（12）マスードは九二年一二月にカブール西部のハザラ族の居住地区を攻撃し、占拠する。これが原因で、ハザラ系のイスラム統一党はラバニ政権から離反し、翌九三年一月にヘクマティアルの勢力と同盟を結ぶ。ウズベク系のドスタム将軍も、九三年の秋にはラバニと袂を分かつ。

（13）パキスタン、イラン、サウジアラビアの三カ国が和平を進めたのは、彼らがそれぞれの理由でラバニ政権の反対勢力に同情的であり、ラバニとヘクマティアルの和解によるムジャヒディン連合政権の蘇生が彼らの国益に適うと考えたためだ。サウジアラビアは当時から、パキスタンと同様、イスラム原理主義勢力であるヘクマティアルを支持していた。イランは、ラバニ政権と袂を分かったばかりのシーア派ハザラ族主体のイスラム統一党を後押ししていた。この頃から、パシュトゥン族の中の原理主義勢力を支持するパキスタンとサウジアラビア対、タジク族など非パシュトゥン勢力を後押しするロシアやウズベキスタンという、周辺諸国の間での対立の構図が顕著になる。タリバン運動の台頭以降は、イランもハザラ族のみならず、非パシュトゥン勢力全体を積極的に援助するようになり、パキスタンやサウジアラビアと袂を分かつようになる。

(14) 和平案に調印したアフガン紛争当事者は、その足でイスラム教の聖地メッカに巡礼し、イスラマバード合意を遵守することを誓約した。しかし、この唯一神アッラーへの誓いも、複雑を極めるアフガン紛争の前に、長続きすることはなかった。

(15) ドスタムは当時、主にウズベキスタンから武器援助を受けていたと言われる。

第三章　国連アフガニスタン特別ミッション・前期（一九九四—九六年）

国連や地域のイスラム教諸国の和平努力の相次ぐ挫折に伴い、アフガニスタンの内戦は激化の一途を辿った。状況の悪化にともない、加盟国の間ではアフガン国民の置かれた惨状への同情に加え、難民のさらなる流出など、地域の平和と安全への悪影響に対する懸念が強まった。

国連の主要加盟国の間ではそれまで、アフガン問題はソ連軍の撤退で一件落着したとの思いが強く、「紛争当事者が和平に協力的でないのなら〝内政問題〟に首を突っ込むべきでない」という事なかれ主義が幅を利かせていた。事実、九〇年代の初頭から中盤にかけて、米国やロシアなど、常任理事国を中心とした安保理理事国の間では、出口の見えないアフガン問題に再び関与することをためらう空気があった。

安保理の消極的な姿勢に代わって、紛争の悪影響の拡大を懸念する一般の加盟国の間で、国連総会を使って本格的な平和創成活動に乗り出す機運が高まった。

1　特別ミッション（ＵＮＳＭＡ）の誕生

平和創成活動の始動

国連総会は九三年一二月に「アフガニスタンの復興、正常化と平和のための緊急国際支援に関する決議」を満場一致で採択し、アフガン内戦の解決を目的とした本格的な仲介努力を始めることを決めた。[1] 決議は事務総長に「アフガニスタンへ国連の特別ミッションを早急に派遣して、国民和解と再建を助けるために取り得る最善の方法につき、広範囲のアフガン指導者達の意見を聴取する」ことを求めた。

安保理は翌九四年の一月と三月に相次いで議長声明を発表し、総会の決議に対する支持を表明した。[2]

総会決議に基づきガリ事務総長は翌九四年の初め、現地に国連アフガニスタン特別ミッション（ＵＮＳＭＡ：United Nations Special Mission to Afghanistan）を設立し、チュニジアの元外務大臣であるマフムド・メスティリを事務総長代表兼ＵＮＳＭＡの所長に任じた。ＵＮＳＭＡは、事務総長代表の他に、副代表、政務官、経済問題担当官、広報担当官と軍事顧問で構成される、合計六人の小ぢんまりとしたミッションで、当初はパキスタンのイスラマバードに本部が置かれた。

新たな政治勢力の開拓

メスティリ代表は、九四年の三月から四月にかけて現地を訪問し、多くのアフガン人関係者に和平の進め方について意見を聞いた。

接触した関係者は、紛争を続けるムジャヒディン各派や、戦闘に直接関与していない既存の政治勢力の指導者だけではなかった。国連代表は、宗教界、地方自治体、知識人層、難民、非政府組織（NGO）、女性団体などの代表とも精力的に会い、広範囲のアフガン人組織や個人の意見を求めた。これは、最初の和平努力が挫折したのは「国民を必ずしも代表しないムジャヒディンとの交渉に重点を置きすぎたせいではないか」との反省が国連にあったためだ。和平活動を前進させるため、国王派、元官僚、宗教指導者や地方の市民社会の代表などの穏健勢力を糾合し、新たな政治勢力を開拓する必要性が指摘されていた。

メスティリは一ヶ月余りの間に、アフガニスタンの八つの都市と、パキスタンのペシャワールとクエッタに散在する難民キャンプを回った。カブール、マザリシャリフやヘラトでは数千の市民が、国連事務総長代表の一行を出迎え、和平活動の再開に対する一般国民の熱い期待を表した。

知識人や難民など、一般のアフガン民衆との接触では様々な考えや意見が述べられた。中には「国連は、同じムスリムの国であるボスニアに、重武装の兵員まで投入して平和をもたらしたのに、どうして同様のPKOをアフガニスタンに派遣し、抗争を続ける武装勢力を排除しないのだ」という、国際社会の「二重基準」を突いた厳しい質問もあった。その答えを、国連代表が知らぬはずはない。しかしそれは、国際政治の力学に何の責任もない、戦災の個々の被害者に投げ返すには、あまりに残酷であった。

メスティリはその後、イラン、サウジアラビア、トルコ、ロシアなどの関係国と、ザヒル・シャー元国王が亡命するイタリアを巡り、国連の和平努力に対する理解と協力を要請した。国連代表団の訪問中に、アフガニスタンの個人や組織から国連によせられた和平案や意見は三〇〇に達したという。

事務総長の提言

ガリ事務総長はメスティリの勧告を受け七月に、総会と安保理へ報告書を提出した(3)。その中でガリは「事務総長代表と会談した全てのアフガン当事者は、戦闘の即時かつ無条件の停止と平和の回復への強い希望を表明した。……アフガン国民は国連を、内戦の状態から抜け出すための唯一で最後の希望と見ている」と述べ、積極的な和平努力に乗り出す必要性を強調した。平和の回復のため事務総長は「全国的な停戦と（新政権の設立まで治安を維持し武装解除をする）暫定政権の樹立」を提言した。

ムジャヒディンに対してガリは「国民は、彼らの指導者の一部が、紛争を平和裏に解決する能力を持たないのではないかと疑い始めている」と批判し、武装勢力以外の組織や個人の、和平プロセスへの参加の必要性を示唆した。当時から、アフガニスタンで実際に戦闘を継続している武装勢力の総数は、二〇万から二五万人を超えないと推計されていた。これは、同国の推定人口のわずか一％にすぎない。つまり、人口の百分の一のみを構成する武装集団が、残りの九九％の国民を人質にとって権力抗争を繰り広げていたことになる。

ガリ事務総長は、周辺諸国によるアフガニスタンの内政への「重大で組織的な」干渉にも報告書の中で言及し、「内戦を煽り、長期化させるこの様な内政干渉に対するアフガン国民の憤りの深さ」に驚きを表した。事務総長はさらに「ほとんどのアフガン指導者は国連に対し、そのような内政干渉を阻止するよう要請した」と報告したが、干渉を防ぐための具体的な提言は行わなかった。

経済の惨状に関しガリ事務総長は、ナジブラ政権崩壊後も続いた戦闘により「大規模な工場のほとんどは略奪のため荒れ果て、道路、橋、通信網、電力、水道、潅漑設備などは壊滅状態で、経済のインフラはほぼ完全に破壊された」と報告し、人道支援のみならず、和平プロセスの不可分の一部として、復興のための国際支援の必要性を訴えた。

クエッタ会議——第二の国連和平努力

アフガン国民の圧倒的な支持に勇気づけられた国連は、幅広い層のアフガン人当事者と、九四年の夏を通し精力的な折衝を続けた。その結果国連は、暫定政権の設立のため、武装勢力と中立のアフガン人組織や個人との会議を提案した。しかし、ムジャヒディン指導者達は様々な理由を挙げ、会議の開催に抵抗した(4)。

ムジャヒディンとの交渉が滞る中、ガリ事務総長は、九月初旬に訪問先のパキスタンで声明を発表し、武装勢力と中立のアフガン人組織や個人との間の会議が開かれないことに対する「遺憾の意」を表した。ムジャヒディンの非協力的な態度に失望した事務総長は、彼らに代わり和平交渉を、国民に支持された「穏健で建設的な参加者」のみによって進めることを決断した。事務総長は声明発表後メスティリに「知識人、宗教指導者、大臣などの元政府高官、(現在紛争に関わっていないムジャヒディンの)司令官など、アフガニスタンの内外にいる独立した人物」による会議を準備するよう指示した。[5]

メスティリは事務総長の指示どおり九月二九日から、パキスタン北西部のクエッタに四〇名の「独立した人物」をアフガニスタン内外から招集し、和平の進め方を諮問した。[6]会議は一〇月一七日に終わり、ラバニから政権の委譲を受けて、暫定政権の閣僚を指名する為の、評議会の設立が提言された。この評議会は、ムジャヒディン各派と中立のアフガン人組織の代表によって構成されることになった。暫定政権の主たる役割は、停戦の監視や紛争当事者の武装解除と、新政府樹立のためのローヤ・ジルガ(国民大会議)の開催であった。クエッタ会議はさらに、暫定期間中にカブールの治安を維持する為、二万人規模のアフガン人部隊の編成を提言した。この中立のアフガン人部隊の運営にかかる費用は、国際社会が国連を通して援助するよう求められた。[7]

ラバニやヘクマティアルなど武装勢力の指導者は当初、クエッタ会議の提言の受け入れを渋った。しかし彼らは、アフガン国民の間で国連の和平努力への支持が揺るがないことを見て取ると、表向きの態度を軟化させた。

メスティリ代表は一〇月一八日と一七日の両日、ラバニ大統領とアフガニスタン東部の都市ジャララバードで会談し、クエッタ会議の提言を受け入れ、政権を評議会に委譲するよう促した。ラバニは原則として、暫定政権樹立のための評議会の設置を受け入れると共に、政権の座から退く用意があることを国連代表に伝えた。しかし彼は「提言の細部を検討し、政府の要人と相談する必要がある」と付け加え、いつどのような形で政権を委譲するかなど、肝心な点については明言を避けた。メスティリは続いてアフガニスタンの各地を訪問して、ヘクマティアル、マスード司令官、ドスタム将軍やヘラト県知事のイスマエル・カーンと個別に会談し、彼らからも提言に対する原則的同意を得た。

交渉の進展を受けてガリ事務総長は、「評議会の早期設立の成否が、平和の達成に紛争当事者が本気かどうかを見分ける目安となる。平和活動の存続の如何は、彼らの決意にかかっている」と言明し、ムジャヒディン各派に対し、クエッタ会議の提言を実現するよう強く促した(8)。

ところが、国連の強い要望にもかかわらず、評議会の構成をめぐるムジャヒディンの間の調整は最後の段階で行き詰まった。ラバニはたびたび国連に対し「政権の座に固執しているわけではない。評議会が設立され次第大統領を辞任する」と表明した。しかし、彼は一二月二八日に大統領の任期が切れても辞任する気配を見せず、権力の座に居坐りを決め込んだ。メスティリ代表は、ラバニや他の武装勢力の指導者と交渉を重ねたが、評議会の名簿作りは一向に進展しなかった。交渉の難航を見かねた米国は、駐パキスタン大使をラバニ、ドスタムやヘクマティアルと会見させ、国連の活動に協力するよう要請したが、現状打開には至らなかった。

評議会の発足が最終段階で手間取ったのは、ラバニとマスードが代表するタジク人勢力と、ヘクマティアルとの間の相互不信が余りに深かったためだ。両者は、互いに妥協してまで新政権を樹立するつもりは全くなかった。国連の度重なる呼びかけや、アフガン国民の中で高まった和平への期待感のため、ムジャヒディン指導者達はクエッタ会議の提言を受け入れる素振りを見せたが、実施の段階になると本心をむき出した。ヘクマティアルは提言を利用して、ラバニの早期辞任と、マスード率いるタジク人部隊のカブールからの追い出しを画策した。一方、ラバニやマスードは、ヘクマティアルの部隊の実質的な武装解除を、政権委譲の条件とした。

2　タリバンの出現

第三勢力の台頭と和平の挫折

膠着状態を打ち破ったのは、意外な第三の勢力であった。

当時、アフガン国民の間に広がる厭戦気分と、ムジャヒディンに対する失望を背景に、タリバン運動が新たな武装勢力として急速に台頭しつつあった。南部の主要都市カンダハールで、僅か半年前の九四年の秋に本格化したこの運動は、次々に既存の軍事勢力を糾合し、九五年の初めには首都カブールに迫る勢いを見せた。

南から迫るタリバンは、まずカブールの南西に位置するワルダック県のメイダン・シャーで、ヘクマティアルの後方部隊と戦闘状態に入った。それまで軍事勢力としては未知数のタリバンであったが、精強で知られるヘクマティアルの部隊を前によく戦い、数日の激戦の後、二月一〇日には県都から後者を敗走させた。タリバンの予想外の勝利は、ヘクマティアルをはじめムジャヒディン各派を震撼させ、和平案の最終合意を促進した。ガリ事務総長はニューヨークの国連本部で同日、評議会が同月の二〇日までにカブールで結成され、政権の委譲と全国規模の停戦が実行されると発表した。(9)

ところが、事態は国連事務総長の発表とは全く逆の方向に進展した。タリバンの予想外の快進撃が、紛争当事者の間の政治的均衡を破壊し、和平案の基盤そのものを脅かし始めたからだ。

戦意旺盛なタリバンは攻撃の手を緩めず、二月一四日にはヘクマティアルの根拠地であるカブールの南方のチャラシャブを攻略した。ヘクマティアルは、大量の武器と弾薬をチャラシャブに放棄したまま、ほうほうの体でカブールの東のサロビに逃れた。ヘクマティアルの大敗は、その政治勢力としての影響力を激減させ、彼の参加を前提として起草された国連の和平案を宙に浮かせた。ラバニやマスードにしても、タリバンという新たな軍事的脅威の出現に動揺を隠せず、和平どころではなかった。ラバニは突然「タリバンも和平プロセスに加えねばならない」と主張し、再び政権の委譲を渋る気配を見せ始めた。自ら「真のイスラム運動」をもって任ずるタリバンが、「腐敗した」ムジャヒディンとの妥協に応じるはずもなく、暫定政権の成立は絶望的となった。

国連はその後も諦めず、ラバニとタリバンを中心に交渉を進めた。ラバニは二月二二日に、「アフガニスタンの各県から二人ずつ代表を選び、これに一〇人から二〇人の中立の個人を加え、暫定政権を設立するための組織を構成する」という、タリバンの意向も加味した代案に合意した。政権委譲の期日は、三月二一日に再設定された。

しかし、息絶え絶えの和平案を救うため、急ぎまとめられたこの窮余の策も、遂に実行されることはなかった。カブールで戦闘が再燃し、政治情勢が再び流動化したからだ。

まず三月六日に、マスードのタジク族部隊と、シーア派ハザラ族のイスラム統一党の間で戦闘が始まった。激戦は二日続いたが、形勢不利と見たイスラム統一党党首のアブドゥル・マザリは、戦闘の局外にいたタリバンに歩み寄り、自らの部隊の重火器をタリバンに差し出すことを条件に、タリバン部隊がカブールの市街に進出して、マスードと対峙することを同意させた。タリバンは同意に従い、三月八日に軽武装の部隊を緊張の高まるカブールに投入し始めた。

ところが、事態は予期せぬ展開を見せた。タリバンと合意を結んだマザリの意に反し、ハザラ族部隊が重火器の引き渡しを拒否したうえ、マスード側に寝返り、タリバンへ向け銃口を転じたのだ。これを戦機と見たマスードは三月一一日に、攻撃ヘリコプターや装甲車を総動員してタリバンに一斉攻撃をかけた。激戦の末、タリバンは市街より駆逐され、三月一九日にはロケット弾の射程外まで押し戻された。(10) タリバン側の戦死者は、数百名にのぼったという。戦闘の激化を憂慮したガリ事務総長は、紛争当事者に対し即時停戦を訴えたが、何の効果もなかった。

マスードの勝利により、カブールは初めてタジク人勢力の完全支配下に置かれた。長年のライバルであったヘクマティアルや、新興勢力であるタリバンが一時的とはいえ破れ去り、今やラバニにとって政権を放り出す理由は何もなかった。

ところで、外交交渉に未熟なタリバンが、他の紛争当事者と不完全な合意を結び、後で手痛い目に遭うのはこれが最後とはならない。タリバンは二年後、同じような取り引きをウズベク人勢力と北部のマザリ・シャリフで行うが、カブールの時より遥かに多い犠牲を払うことになる。マスードに破れたタリバンは、撤退中にイスラム統一党のマザリを捕らえた後、「裏切り」の科により虐殺した。この事件の後、タリバンとハザラ族の関係は決定的に悪化し、両者は多くの血を流すことになる。

軍事情勢が混乱を極める中、ガリ事務総長はメスティィリに対し、和平方針の再検討のため現地を離れるよう指示した。これを受けてメスティィリは、四月中旬にアフガニスタンを後にした。第二の国連の和平努力は、かくして葬り去られた。

「世直し運動」としてのタリバンの起源

内戦が激化し始めた九〇年代の初め、アフガニスタンの南部や、アフガン人難民キャンプの点在するパキスタンの北部から、変わった現象が国連に報告され始めた。各地のマドラッサ（イスラム教神学校）で、神学生達が頻繁に集会を開き、組織化の動きがあるというのだ。

報告は当初、特に重大視されなかった。神学生達が政治運動を組織化したところで、なに程のこともないと思われたからだ。国際社会がその重要性に気付くのは、この神学生の組織化の流れが、九四年の秋に大きなうねりとなり、予想だにしない強力な軍事組織が出現したときであった。

タリバン運動が結成されたのは、九四年の夏といわれる。カンダハール一帯を支配する軍閥の横暴に耐えかねた住民の要請で、ソ連軍やナジブラ政権に対するジハード（聖戦）の後、各地のマドラッサに戻っていた青年神学生の有志が決起したのだ。決起グループは当初わずか三〇名であったが、少年や少女を誘拐するなど、暴虐の限りを尽くしていた軍閥の一部に立ち向い、これを打ち負かした。タリバンは直ちに、この武装集団の司令官を処刑し、人質を解放した。ムハマンド・オマール師に率いられたこの小集団が、「義挙」に対する報酬を一切求めなかったため、彼らの人気は、長年の戦乱に疲れた住民の間でたちまち沸騰した。堕落したムジャヒディンに対する「世直し運動」としての、タリバンの始まりであった。ちなみに、タリバンという名は、アラビア語の「タリブ（イスラムの知識の追求者）」の複数形で、イスラム教神学生を意味する。

タリバンの指導者であるオマール師の生い立ちに関する資料は少ない。彼はカンダハール近郊のノデフという村で、貧しい小作農の倅として一九五九年に生まれたといわれる。オマールは父親の死後、同県にあるシンゲサールという村に移り、一般のアフガン人にとって唯一の教育機関である村のマドラッサでイスラムの教育を受けた。オマールは八九年から九二年の間、マドラッサでの修行を一時中断し、ナジブラ共産主義政権打倒を目指したジハードに身を投じる。オマールはジハードの間、ムジャヒディンの一派で原理主義色が濃いイスラム党ハリス派の一員として戦った。彼の戦いぶりは果敢で、砲弾の破片で右目を失うなど、四度にわたって負傷したという。

オマールはジハードの後、シンゲサールのマドラッサに戻り、再び神学に没頭した。神学校といっても、電灯もない土壁の小さな家で、イスラム教の経典コーランをひたすら暗記する毎日であった。伝承によると、アッラーは九四年のある夜、最初は老人、次に女性の姿を借りてオマールの夢枕に立ち、権力抗争に明け暮れるムジャヒディンから国を救うため「立ち上がってイスラムの再興に尽くせ」とお告げを垂れたという。今なお謎に包まれたタリバン運動の、不可思議な創成の物語であった。

周辺国の暗躍

タリバンが本格的な軍事活動を始めたのは、九四年の秋になってからだ。カンダハール一帯の軍閥にとって、タリバンはそれまで取るに足らない存在であった。しかし、彼らの驕りは、長くは続かなかった。今や兵員二〇〇名の規模に成長したタリバンが一〇月一二日に、カンダハールの南に位置し、隣国パキスタンとの国境に近い交通の要衝であるスピン・ボルダックを攻撃したのだ。

短い戦闘の後、タリバンはヘクマティアル派の部隊を蹴散らし、この国境の町を制覇した。タリバンは直ちに、スピン・ボルダックの近くのパシャに在る、ジハード時代に造られた貯蔵所も襲い、戦車など大量の武器や弾薬を手にしたといわれる。

タリバンの最初の軍事的成功の裏に、パキスタンが介在したとの噂が絶えない。パキスタン軍部は一貫して、パシュトゥン族系原理主義勢力による親パキスタン政権を、カブールに打ち立てる政策を押し進めていた。そのため九四年の初めまでは、ムジャヒディン各派の中から、熱狂的な原理主義者で知られるヘクマティアルを選別し、格別の支援を惜しまなかった。しかし、大量の武器の供与を含む後押しにもかかわらず、ヘクマティアルはマスードのタジク人部隊の前に苦戦を繰り返し、ナジブラ政権の崩壊から二年を経た九四年に至っても、一向に政権を奪取する気配を見せなかった。痺れを切らした軍部は、ヘクマティアルに代わり得る原理主義勢力を探し始めた。

新たな原理主義勢力を育てる必要性は、パキスタン政府が九四年に、中央アジアとの交易路の再開を目指した新政策を打ち出すと一層強まった。当時アフガニスタンの各地を通る道路は何処も、全国に蟠踞する軍閥や小規模の武装勢力により支配されており、至る所で分断されたうえ、多額の「通行料」を課されるのが常であった。交易路を再開するためには、分裂状態にある南部のパシュトゥン人居住地帯を平定し得る勢力を育て、群雄割拠の状況を終わらせることが急務とされた。

パキスタンでは九三年の秋の選挙で、ベナジル・ブット首相の政権が誕生していた。ブット政権はそのアフガニスタン政策を、パシュトゥン族系で退役陸軍準将のナセルラ・カーン・ババル内務大臣に一任した。(11) ババルは主要政策課題として、九一年のソ連崩壊後に誕生した中央アジアの新独立共和国との交易の促進を掲げ、アフガニスタンを通り北方につながる交通路の再開を目指した。このため、まず最初に候補にあがったのは、ペシャワールから始まり、カブールとマザリ・シャリフを経由してウズベキスタンにつながる最短ルートであった。しかし、この中央ルートは、カブール周辺での戦闘の継続のため断念された。代わって浮上したのが、パキスタン北西部のクエッタを起点とし、アフガニスタン南部のカンダハールと西部のヘラトを経て、トルクメニスタンにつながる西ルートだ。ブット政権は九四年六月に、西ルートに沿って道路と鉄道の建設を進める計画の推進を閣議決定した。ブット首相自身一〇月二五日に、訪問中のトルクメニスタンで、イスマエル・カーンやドスタム将軍と個別に会談し、アフガニスタンの北西部と北部の国境地帯を牛耳る彼らから、交易路開発への合意を取り付けた。パキスタンの新政策と、西ルート上の要衝であるスピン・ボルダックのタリバンによる占領が、全く無関係の出来事であるとは考えにくい。

ブットがイスマエル・カーンやドスタムと会談した四日後、ババル内務大臣は西ルートが実際に通行可能かどうか試すため、医療品や食料を積んだ三〇台のトラックから成る輸送部隊をクエッタから出発させ、トルクメニスタンを目指し北へ向かわせた。[12] しかし、輸送部隊はアフガニスタンに入って間もない一一月一日、カンダハールの手前で軍閥の一部によって足留めされた。輸送部隊を引き止めた軍閥は、「通行料」に加え、パキスタンがタリバンの支援を止めるよう要求したという。

タリバンの行動は素早かった。タリバンは一一月三日に、輸送部隊の通行を妨害している軍閥を攻撃し、たちまち潰乱させたうえ、その司令官を処刑した。タリバンの部隊はそのまま進撃を続け、同日の内にカンダハール市街に突入した。二日の戦闘の後、タリバンはカブールに次ぐアフガニスタン第二の都市を手中に収めた。[13] タリバンはカンダハールから敗走した軍閥からも、ソ連製のミグ戦闘機や戦車を奪い、兵力三〇〇〇名近い軍団に成長した。

タリバンの思想的背景

タリバンの思想的な背景を説明するうえで、彼らとパキスタンのイスラム原理主義勢力との関係を避けて通ることはできない。「世直し運動」として始まったタリバンであるが、彼らはもともとアフガニスタンの土着の宗教運動ではない。

タリバン運動の根幹を成す思想の源は、アフガン人難民が多いパキスタン北部に点在するデェオバンディ派イスラム教の神学校に求められる。この宗派は一九世紀の中盤に、大英帝国支配下の北インドで興ったものだが、反植民地と反啓蒙主義の傾向と、禁欲的で形式を重んじる復古主義の色合いが強いといわれる。同派はまた、シーア派などの「異端」に対する敵愾心や、女性の社会的役割を制限的にとらえる教義で知られる。

タリバンが全国制覇の過程で押し進めることになる、中央集権の絶対的宗教権威による支配も、デェオバンディ派の教えが基本にあるといわれる。しかしこれは、地方分権を特徴とするアフガニスタンの従来の統治制度や、伝統的な部族・長老制を基盤とした地域共同体とイスラム教との共存を柱とする、同国固有の社会制度とは両立しない。イスラム教自体は八世紀にアフガニスタンに根を下ろしたが、これは少数民族や異文化のみならず、仏教など他の宗教や宗派にも寛容な穏健なイスラムであり、タリバンの唱える排他的なイスラムとは明確な一線を画する。

デェオバンディ派の神学校は、パキスタン北部を中心に数千あるといわれ、その規模は学生数二〇人程度のものから数千名と多様だ。(14) 学生の大多数は、アフガニスタンの多数派部族で、パキスタン北部の人口の主要部分を占めるパシュトゥン族出身である。学生は授業料や食費を請求されないので、難民など、社会階層の中でも最も下層に属する住民の子弟が多い。学校の運営費は、パキスタン国内からの寄付や、サウジアラビアやアラブ首長国連合など、アラブ諸国の宗教団体からの援助で賄われている。

このデュオバンディ派神学校で学んだタリバン幹部の数は多い。とりわけ、デュオバンディの分派でタリバンに最も近いといわれるハカニア神学校からは、内務、健康、工業、辺境問題、宗教警察、農業など、二十数名のタリバンの閣僚の内少なくとも八名が卒業している。他のタリバン閣僚も、少なくとも六名がハカニア以外のデュオバンディ派の神学校で学んだ。オマール師自身は、パキスタンのマドラッサで学んだ経験はないが、彼がジハード中に身を寄せたイスラム党ハリス派の党首ユーニス・ハリスは、ハカニア神学校の出身である。師弟の関係こそ無いものの、ハカニア神学校の校長のサミウル・ハクはオマール師と個人的関係が深く、このタリバン最高指導者に同校史上初めての「名誉卒業証」を授与したという。

デュオバンディ派は政界とも関係が深く、同宗派の政治組織であるウレマ・イスラム協会（ＪＵＩ）の党首ファズル・ラフマンは、ブットが率いるパキスタン人民党（ＰＰＰ）と同盟関係を結び、連立与党の一部としてタリバン支援のために影響力を行使した。タリバンの兵員の供給源の一つは、パキスタンで生活するアフガン人難民や神学生であるが、デュオバンディ派のマドラッサは、彼らの徴兵所として重要な役割を担っていた。[15] このマドラッサの活動を可能にしたのが、パキスタン軍の協力に加え、ＪＵＩや内務省の支援であったといわれる。

タリバンの構成は当初、デェオバンディ派神学校出身のパシュトゥン族が中心であった。パシュトゥン族の中でも、タリバンの根拠地である南部アフガニスタンに居住し、王族の基盤でもあるデュラニ族が、タリバン指導部の要職のほとんどを占めた。[16] タリバンの勢力が拡張するにつけ、これらの「元祖タリバン」に加え、勝馬に乗ろうとするムジャヒディンの元司令官達や、戦闘機の操縦や整備に精通したナジブラ時代の政府軍の残党が、新たな戦力として参加した。

タリバンの資金源は、周辺国の政府からの直接援助の他に、パキスタンのマドラッサやサウジアラビアなどアラブ諸国の宗教団体からの援助であったといわれる。アフガニスタンを通過する交易路の確保に利害を有するパキスタンのトラック輸送業者の組合も、タリバンの結成の当初から多額の献金を行ったという。タリバン独自の収入源としては、陸封国であるアフガニスタンとパキスタンの間で結ばれたアフガニスタン通過貿易協定（ＡＴＴ）を悪用した密貿易や、[17] ヘロインの原料となるケシの栽培や密輸に課された税金があげられる。

タリバンの急成長と統治政策

カンダハールを制覇した後も、タリバンの勢いは衰えを見せなかった。タリバンは燎原の野火のように、四方のムジャヒディン勢力をなめ尽くし、たちまち南部一帯の諸県を席巻した。タリバンが首都カブールに迫った翌九五年の二月までに、アフガニスタンの三二の県の内一二がタリバンの軍門に下り、兵力も推定一万二〇〇〇名に膨らんだ。タリバンはムジャヒディン攻略のため、容赦ない軍事力と、買収による懐柔策など、硬軟両方の手段を巧みに使い分けたという。

タリバンの快進撃を可能にしたのは、骨肉の争いに明け暮れるムジャヒディンに失望したアフガン国民が、当初この極端な原理主義運動を「よりましな選択」として支持し、平和と秩序の回復を期待したためだ。実際、その苛烈な支配にもかかわらず、南部のパシュトゥン族居住地帯では、タリバンへの支持が揺らぐ気配は見られなかった。

タリバンはその支配地を広げるごとに、直ちに占領地の住民に対し、イスラム法シャリアの独自の解釈に基づく、厳しい戒律を強制した。女学校の閉鎖、自宅外での女性の就労の禁止、ブルカ（全身を覆う伝統的女性衣装）の着装の強制、男性医師による女性患者の治療の禁止、男性の髭剃りの禁止、サッカーや凧上げなどのスポーツや音楽などの娯楽の禁止、テレビやビデオの破壊など、タリバンが課した常軌を逸した戒律の例は枚挙にいとまがない。戒律の違反に対する刑罰は峻厳を極めた。ブルカの着装や髭剃りなどの風俗上の違反に対しては、ムチ打ちや数日の収監などが適応された。一方、窃盗などの常習犯には、ほぼ例外なく手首の切断が断行された。売春、姦通や同性愛行為などの「重罪」は、石打の刑などによる公開処刑の対象となった。

当然ながら、タリバンの極端な政策は、国際社会の猛烈な批判を招いた。批判の源は欧米諸国に限らなかった。イランなど、厳しいイスラムの戒律で知られる国ですら、タリバンの政策を「化石のイスラム」と呼び、イスラム世界全体の名誉を汚すものだと難詰した。米国は最初、高まる国際社会の批判にもかかわらず、タリバン運動に中立的な立場であった。しかし、九五年以降、女性の差別問題を中心に米国の内外で批判が高まり始めると、米国政府はタリバンに批判的な態度を取り始めた。(18)

3 タリバンと国連

タリバンとの接触

メスティィリ代表は、タリバンが軍事勢力として台頭した九四年の暮れの以来、カンダハールやイスラマバードで非公式の接触を行い、対話のチャンネルを確保した。これを土台に、国連がタリバンと本格的な交渉を始めたのは、戦局が落ち着いた九五年春以降のことだ。

ところが、交渉が始まっても、相互の理解は一向にはかどらなかった。これは、外交経験の浅いタリバンが「国連はムジャヒディンなど既存の勢力に偏向している」との疑いを払拭できなかったためだ。国連の方も、彗星のように現れたタリバンの「腐敗したムジャヒディンを倒し、真のイスラム国家を樹立する」という「公約」がどこまで本心であり、ラバニ政権との妥協の余地がどれ程度あるのか、測りかねた。

メスティィリは年内に何度か、タリバンの本拠地となったカンダハールを訪れた。国連代表は知事公邸で、カンダハール知事に任命されたムハマンド・ハッサン師が率いるタリバンの代表団に迎えられた。

国連代表はタリバンに対し「紛争を軍事的手段で解決することはできない」と繰り返し諭し、即時停戦と政治的妥協の必要性を訴えた。これに対しハッサン師は「タリバンは平和のための運動であり、真のイスラム国家が交渉で樹立されるなら、喜んで妥協に応じる。しかし、そうでない場合、軍事的手段に訴えるのも厭わない」と述べ、ムジャヒディンとの妥協の余地がほとんど無いことを示唆した。ハッサン師はまた「タリバンが国民の意思を体現していることは、支配地の住民がわれわれを大歓迎しているという事実からも明らかだ」と自賛したうえで、「ラバニは政権を返上してカブールから退散すべきだ」と主張し、頑迷な態度を示した。

ハッサン師との対話は、当初から存在した国連とタリバンの大きな隔たりを、余すこと無く反映していた。国連がタリバンに一貫して求めたことは、全国制覇を目的とした武力闘争を諦め、既存のムジャヒディン勢力と権力を分かち合うことにより、紛争を平和的に解決することだ。その論拠は「タリバンの目指す軍事力による紛争解決は達成不可能だ」という点に尽きた。アフガニスタンはもともと、利害を共有する地域の強国に四辺を囲まれた多民族国家であり、そこに住む様々な部族や宗派の多様性を圧殺した状態での平和と安定が有り得ないことは、自明の理であった。将来仮にタリバンが全面勝利したとしても、一部の部族や宗派が不満を抱えたまま取り残される限り、これらの不満分子を支援する周辺諸国からの干渉が予想されるなど、紛争の火種が尽きることはない。

一方、タリバンにとって、ムジャヒディンなど既存の勢力の全否定は、同運動の存在意義に関わる問題であった。彼らにとって、国連を通しての交渉は、ラバニによるタリバン支配の甘受など、反タリバン勢力の「全面的屈服」につながらない限り何の意味も成さず、ここに妥協のつけ入る余地はほとんど無かった。このタリバンの基本姿勢は、彼らが支配地を広げる度に強固になり、九〇年代の終盤に国土のほとんどを掌握すると、微動だにしなくなった。国連は、タリバンの滅亡まで無数の交渉を重ねたが、勝利を確信したタリバン指導部との議論はすれ違いの状態が続き、遂に実りある意思疎通を達成できなかった。この時期の国連との交渉は、ほとんどハッサン師が担当し、最高指導者のオマール師が顔を出すことはなかった。

タリバンは、カブールからマスードによって撃退された後、九五年四月にはイスマエル・カーンが守る西部のヘラト戦線からも押し戻された。部隊の再編成と、兵站の整備のためタリバンは暫く鳴りを潜めるが、同年の夏には再び軍事活動を活発化させる。

ヘラトの攻略

タリバンはまず、ヘラトへの進撃を再開することを決定し、八月の末から西部戦線で戦闘が再燃した。この戦いでタリバンの機動力と兵站は、見違えるような改善を見せた。

再開された攻勢でタリバン部隊は、日本製の小型四輪駆動トラックを多用し、カーンの部隊の後方にしばしば進出して退路を断った。このためカーンの部隊は、いったん負け始めると、整然とした後退ができず、雪崩を打ったような潰乱状態に陥った。タリバンの兵站も万全で、ゲリラ部隊の寄せ集めと大差ないムジャヒディンと比較し、彼らが遙かに組織化された軍事組織に成長したことを示した。ラバニやマスードのタジク人勢力と袂を分かったドスタム将軍はタリバン側につき、何度か北部のマザリ・シャリフから爆撃機を飛ばしてカーンの陣地を空爆した。

カーンは後退の度に防衛線を再構築し、踏み止どまる努力を試みたが、タリバンの進撃の速度についていけず、つぎつぎに敗退を重ねた。タリバンがヘラト市の南方九五キロに在るシンダンドの軍用飛行場を九月三日に制覇すると、カーンはついに抵抗を諦めた。カーンは二日後の早朝、五〇台の車を連ねて西方の国境地帯に向かい、イランに亡命した。同日、ヘラトはタリバンによって占領された。タリバンの兵力は増え続け、九五年の終わりには二万五〇〇〇名の規模に達した。

国際社会は当時、タリバンという「新現象」そのものの分析に注意を奪われ、タリバンの攻勢の背後にどれ程周辺国の関与があるのか、判断をしかねていた。しかし、カブールを守るタジク人勢力にとって、タリバンの影にパキスタンが暗躍することは、火を見るより明らかな「事実」であった。ヘラトがタリバンに占領された翌日、カブールでは群衆がパキスタン大使館に押し寄せ、館内を破壊したあげく大使を負傷させた。暴動を前に、ラバニ政権の治安部隊はほとんど何もしなかったという。この事件を機に、ラバニとパキスタンの関係は悪化の一途を辿った。

ところで、日本はアフガニスタンの内戦と全く無関係だと思われがちだが、こと軍用の輸送手段に関する限り、必ずしも正確な見識ではない。タリバンやムジャヒディンを問わず、アフガン紛争当事者の間では、トヨタや日産など日本製の四輪駆動車が圧倒的な人気を誇った。タリバンの指導者オマール師の愛用車も、日本製であった。タリバンは、これらの日本車の荷台に重機関砲やロケット弾の発射台を装着し、単なる兵員輸送の手段に止まらず、部隊の機動性を高める「兵器」として使用した。

また、タリバンの主たる収入源の一つがアフガニスタン通過貿易協定（ATTA）を悪用した密貿易であることは既に説明したが、その主な品目は、ソニーのカラーTVやパナソニックのビデオなど日本製のものが圧倒的に多い。政府の政策とは何の関係もない経済行為だが、内戦の継続を間接的に助長したとすら言える日本製品の氾濫は、一般のアフガン国民の目にどう映ったのだろうか。

4　カブールの陥落とナジブラの処刑

首都攻防の第二幕

西部での勝利の後、タリバンは直ちにカブールに攻め寄せ、九五年の秋に首都攻防の第二幕が始まった。

しかし、マスード司令官率いるタジク族部隊によるカブールの守りは堅く、タリバンは攻めあぐねた。タリバン部隊はカブールの南のチャラシャブや、西のメイダン・シャーに押し寄せ、数波に渡って正面突破を試みたが、いずれも撃退された。タリバンは秋季攻勢で、数百の戦死者を含む甚大な損害を被り、部隊の再編成と回復のため当面の間、地上攻勢を控えることを余儀無くされた。

タリバンはしかし、冬の間も軍事的圧力を緩めることはなかった。直接の攻撃に代わって、タリバンは首都に多数のロケット弾を打ち込み始め、市民を無差別爆撃の危険に晒した。これは、九二―九四年にヘクマティアルが行った虐殺行為と、何ら違いはない。例えば、カブールの南部と西部に肉薄したタリバンにより、九六年の一月中に二八七発のロケット弾が打ち込まれ、市内の非戦闘員の中から四四人の死者と二八七人の負傷者を出した。最悪の無差別攻撃は六月二六日に発生した。タリバンは、史上最多の三〇〇発余りのロケット弾でカブールを集中砲撃し、この日だけで六四人の市民を殺害し、一三八人を負傷させた。これは同日、ラバニ政権と前月によりを戻したヘクマティアルが、首相に再就任するため首都に自らの部隊を連れて入り、タリバンの反発を招いたためであった。「真のイスラム」の下、道徳的規範の厳守を旗印としたタリバンであったが、彼らが戦場で行ったことは、ムジャヒディンと比べ大差はなかった。

激化の一途を辿るタリバンとラバニ政権の戦闘と、その地域への悪影響を憂慮した安全保障理事会は、対策を検討するため公式協議の開催を決定した。アフガン問題に関する安保理の公式協議としては、実に六年ぶりのことであった。協議は、一三の一般加盟国を含む二三カ国により四月九日に行われたが、全ての参加国は国連が平和の回復への唯一の希望であることを再確認し、アフガン紛争当事者に対し国連の平和創成活動に全面協力することを強く要請した。参加国はまた、外部からアフガン諸勢力への武器援助などの内政干渉が、平和の回復への主たる障害であるとの認識を新たにした。中でも、日本、トルクメニスタン、米国、ボツワナなどは、安保理が国連憲章第七章を発動して、アフガニスタンに武器禁輸措置を課する可能性を検討するよう求めた。国連でアフガニスタンを代表するラバニ政権の使者は九〇分にわたる大演説の中で、パキスタンのタリバンへの支援を激烈に非難し、国連がパキスタンとの国境地帯に監視所を設置し、武器など軍事物資の流入を防ぐよう求めた。

これを転機として九〇年代の終わりにかけ、安保理は徐々にアフガン問題への関与を復活させて行く。一方、ガリ事務総長は九六年の七月に、同年五月に辞任したメスティリに代わり、ドイツ外務省出身のノルベルト・ホールを、国連アフガニスタン特別ミッション（UNSMA）の所長に任命した。ホールはラバニとの初交渉のため、同月にカブールを訪れたが、この新国連代表を迎えたのも、タリバンが発射した数発のロケット弾であった。

「イスラム信者の指導者」とタリバンの新戦略

タリバンは九六年の春、その組織としての結束を強め、イスラム運動としての正統性を磐石にするため、一二〇〇名余りのパシュトゥン族系宗教指導者を、アフガニスタン各地やパキスタンからカンダハールに招き、大集会を開いた。[19] この集会でオマール師は、「イスラム信者の指導者（Ameer-ul-Momineen）」という、カリフのみに与えられる終身の地位に祭り上げられ、自らの指導者としての地位を揺るぎないものにした。オマール師が四月四日に、予言者モハメッドが使用したとされるマントをまとって市内の中心部に現れると、群衆は彼に熱狂的な歓声を浴びせた。集会は、ラバニ政権に対するジハードを宣言して終わった。[20]

カブールの南と西の戦線が膠着する中、タリバン指導部は同年八月までに、効果が薄いわりに多大な犠牲を伴う正面突破作戦を破棄し、新たな戦線を開くことを決定した。狙われたのは、東部の比較的脆弱と見られたパクティア県と、その東隣にあるナンガルハル県であった（**巻末「タリバンのカブールへの侵攻経路図」参照**）。パクティア県は当時、かつてカブールの郊外からタリバンが敗走させたヘクマティアル率いるイスラム党の兵士によって守られていた。一方、ナンガルハル県は、それまで局外中立を決め込んでいたギルザイ系パシュトゥン族のハジ・クァディール知事が治めていた。

タリバンの狙いは的中した。急襲を受けたヘクマティアルの兵士は、たちまち算を乱してパクティアから敗走した。タリバンは余勢を駆って八月の終わりにはナンガルハルになだれ込み、守備に当たっていたクァディールとマスードの部隊を混乱に陥れた。タリバンは電光石火の進撃を続け、九月一二日には県都のジャララバードを攻め落とし、カブールとパキスタンをつなぐ幹線道路を遮断した。クァディールの部隊の多くは、タリバンと戦火を交える前に逃げ出したが、これは巨額の資金による買収工作が功を奏したためという。

ジャララバードの攻略後タリバンは、直ちに北西に転じ、首都防衛のための要衝で、カブールの東七五キロに位置するサロビを攻撃した。サロビはヘクマティアルの最後の砦であり、マスードも自らの精鋭部隊を繰り出し防戦に勤めたが、二四日にはあえなくタリバンの手に落ちた。

ナジブラと国連

国連はサロビ陥落の後、カブールで軟禁状態のナジブラ元大統領の安全に対し憂慮を深めた。これは、大統領時代のナジブラの圧政に対し、いまだに深い恨みを抱く者が多く、拷問など苛烈な迫害に晒されたイスラム教徒を多数含むタリバンも、決してその例外ではなかったためだ。

国連はナジブラを匿った九二年当初、避難を一時的な出来事と見ていた。しかしラバニ政権は、ナジブラの国外退去を求めるガリ事務総長の度重なる要請にもかかわらず、元大統領を第三国へ移送することを認めなかった。これは、ナジブラの解放が、ムジャヒディン内部の強硬派の反発を招きかねず、政治的基盤が脆弱なラバニ政権が、国連の要請に尻込みをしたからだ。

ナジブラは結局、実弟のシャフプール・アフマザイと側近の二名と共に、四年半余りに渡り国連事務所で軟禁状態に置かれた。ナジブラが幽閉生活を送った国連事務所は、高いコンクリートの塀に囲まれた一五〇〇平方メートルほどの敷地内にあり、三つの簡素な二階建ての建物で構成されていた。この内、一番奥の一棟が、ナジブラ一行の住居として与えられた。事務所の庭には防空壕が掘られるなど、戦闘に巻き込まれる危険を避けるための最低限の用意があった。日用品や簡単な運動用具も後日、ナジブラのために揃えられた。

ナジブラほど、アフガニスタンの近代が織り成す矛盾と悲劇を、自身の中に体現する者はいない。ナジブラは一九四七年にパシュトゥン系の名門であるアフマザイ族の一員として生まれ、六四年にカブール大学の医学部に入学するなど、エリートとしての道を歩んだ。高校時代まで、彼は敬虔なイスラム教徒であったという。しかし大学入学後は政治活動に目覚め、王政の下で衰退する祖国の未来を、共産主義に見出した。ナジブラは在学中に共産党の主流派であるパルチャム（旗）に加盟し、卒業後は党の活動に没頭したという。神を捨てた彼は、自身の名前の後半にアッラーにちなんで付けられた接尾音である〝ブラ〟の部分を削り、自らをナジブと呼ぶようになる。

パルチャムの指導者カルマルが七九年の暮れに、処刑された反主流派カルク（人民）のアミンに代わり権力を握ると、ナジブラは秘密警察の長官に引き立てられた。彼はその冷酷なまでの統率力と行政能力のため、政権内で急速に頭角を現し、ソ連の意向で八六年にはカルマルに代わり最高指導者に抜擢された。「カブールの虐殺者」と呼ばれ、多くの国民に恐れられ、憎まれたのもこの前後だ。裁判抜きの処刑や拷問など、ナジブラの弾圧による犠牲者は、数千名にのぼったという。

ところが、時代の激動はナジブラに再度の「転向」を迫った。ナジブラが権力の頂点を極めたとき既に、彼の後ろ盾であるソ連は秘密裏に、アフガニスタンからの撤退を決定していた[21]。超大国の庇護の下、イデオロギーと圧政のみで政権を維持できた時代は終りを告げようとしていた。急変する国際政治情勢を睨み、ナジブラはそれまで不倶戴天の関係にあった反政府勢力と、和解の道を探ることが避け難いと悟った。イスラム主義者との交渉を円滑にするため、ナジブラが再び名前の〝ブラ〟を復活させたのはこの頃である。同時に、国旗から赤い星が削除され、人民民主党（ＰＤＰ）も祖国党と改名された。ナジブラはソ連が手を引いた後もしぶとく政権にしがみつき、国連を通し反政府勢力との交渉を重ねたが今一歩の所で成功せず、九二年の四月に発生したクーデターにより権力の座から転げ落ちた。

国連への避難後ナジブラは、政治から身を引くことを宣言し、隠遁者のように振る舞った。彼は日常のほとんどを読書や語学の勉強に費やしたが、毎月三〇分だけ、インドに逃れた妻や娘たちと、国連の衛星回線を通して話す自由が与えられた。訪問者はほとんど無かったが、たまにニューヨークから国連関係者が訪れると、元大統領は目を輝かせ歓待した。求められると、彼はその太く濃い口髭に時々手をやりながら、地域の情勢やアフガン和平について、自分なりの考えを延々と語った。国連への愚痴は滅多に口にしなかったが、政権委譲の一ヶ月も前に国連の要請に応じて大統領辞任の意思を表明し、それが結果的に土壇場でのクーデターを招いたことにしばしば言及し、この冷戦末期の激動を生き抜いた独裁者は、自らの判断の甘さを悔やんだ。会談が終わると、ナジブラは門の近くまで来客を見送り、最後にそのプロレスラーのような巨体で一人一人を抱き締めて、別れを惜しむのが常であった。

ナジブラは幽閉生活の間、ユーラシア大陸を巡る大英帝国と帝政ロシアの角逐を描いた英書「グレートゲーム（The Great Game）」[22]のパシュトゥ語への翻訳に熱中していた。翻訳書の出版により、大国の恣意に翻弄されるアフガン紛争の本質が、今も昔も変わらないことを、一般の国民に知らしめたかったのだという。

国連本部では、ナジブラ救出のため水面下で活発な外交努力がなされたが、事態の急展開と、紛争当事者の頑な態度のため、実を結ばなかった。タリバンの急進撃が始まる直前、元大統領を「重病人」として担架で運び出すという緊急提案が浮上し、ラバニを含む関係者の暗黙の了承を得た。しかし、この案は最終段階で「胸を張って堂々と出ていきたい」という本人の意向を尊重して、実行に移されなかった。国連はナジブラに、せめて国連職員の寝起きする市内の別の事務所に移るよう数度にわたり勧めた。しかし、彼はこの勧めにも応じず、同じ場所に止まった。

カブールの陥落迫る

サロビの敗北は、カブールがタリバンの脅威に直接晒されることを意味し、ラバニ政権を狼狽させた。しかし、ラバニは当時、首都死守の決意を繰り返し表明しており、この時点でカブールの陥落が一両日の内に迫っていると予測した者はほとんどいなかった。国連本部でも、サロビの陥落と同じ二四日に安保理の非公式協議が開かれたが、理事国の間に危機感は見られず、紛争当事者に対し、戦闘の即時停止と政治交渉の再開を要請するに止まった。

実際、タリバンの破竹の進撃にもかかわらず、二六日の午前中までカブールは比較的平穏であり、首都攻防戦が始まるにはまだ幾日かの猶予があると考えられていた。この危機感の欠如は、外国人の退去のため国連が午前中にカブールに送り込んだチャーター機の座席が、半分ほどしか埋まらなかったことでも伺える。

ところが、午後になり状況は一変した。カブールの東のプルチャルキ刑務所周辺の防衛線が破られ、タリバンの砲撃が郊外にまで及ぶようになってきたのだ。浮き足立ったタジク兵士の中には、戦列を離れ逃走する者が相次いだ。午後遅くには、マスードが既に首都防衛を諦め、北部の山岳地帯へ撤収を始めたことが明らかになった。[23] 国連は午後になり、職員の退去のため追加のチャーター機を送り込んだが、この便はうって変わって満席となった。急を聞いた国連本部では、安保理に時事刻々と悪化する状況を緊急報告し、「今晩が攻防の山となろう」との、現地の軍事顧問の分析を伝えた。もはや誰の目にも、首都の陥落が目前に迫り、ナジブラの生命が差し迫った危険に晒されていることは明白であった。

運命の夜

午後四時を過ぎた頃、ナジブラから市内の別の国連事務所に、救いを求める緊急無線連絡が入った。「警備していたラバニ政権の兵士が先程逃亡し、事務所が全く無防備の状態になった」と、彼は取り乱した声で説明した。

それまでラバニは、ナジブラの国外退去を頑なに拒否する一方、国連に対し彼のカブールでの安全を繰り返し保障しており、十数名の兵士を国連事務所の前に常駐させていた。しかし、警護の兵士が逃走した後に残ったのは、ナジブラ自身と側近の他、非武装の門番と現地雇いの通訳のみであった。マスードは撤退の際、ナジブラに使者を送り、一緒に逃れることを提案したが、元大統領は仇敵であったタジク人部隊と行動を共にするより、国連事務所に残ることを選んだ。

緊急事態発生の第一報が国連本部に伝えられたのは、ニューヨーク時間の二六日の朝のことだった。[24]本部では即座に、事務総長と連絡が取られ、急変するカブール情勢への即応態勢を整えた。具体的措置として事務局はまず、外交チャンネルを駆使して最新情報を収集すると共に、イスラマバードで待機するホール代表に、ナジブラの安全確保のための緊急措置の策定と、その即時実施を指示した。

指示を受けたホールは、（1）カブールに残った国連要員をナジブラのいる事務所に急派する、（2）ナジブラを一時的に他の場所に移す、（3）国際赤十字に依頼して赤十字の旗を国連事務所の回りに立ててタリバンの自制を促す、などの実施を試みたがいずれも実現しなかった。当時、非常事態にもかかわらず、国連の文官三人が首都に残っていたが、全員離れた場所の防空壕の中に釘付け状態にあり、間近に迫った夕暮れと市街戦の危険のため、ナジブラの所に駆け付けることができなかった。同じ理由で、国際赤十字も国連事務所に近付くことができず、焦燥のうちに時間だけが過ぎていった。

タリバンの先鋒は、夕方までにカブール市街の東の端に到達した。市内は午後九時頃まで、北方に撤退するマスードの兵員と車両でごった返していたが、深夜に近付くにしたがい、不気味な静けさに包まれていった。

日が替わって二七日の午前一時四〇分頃、二〇人のタリバン兵を乗せた三台の小型トラックと一台の乗用車が闇の中から現れ、国連事務所の門前で停止した。兵士の内、三名が代表として国連事務所に入り、ナジブラとの面会を要求した。乗用車の乗客は、車内に止まったままであった。[25]

面会は比較的平静に始まった。現場に居合わせた目撃者の証言によると、ナジブラはアフガニスタンの習慣に従い、茶とドライフルーツを招かざる客たちに勧めたという。ところが、ナジブラが市内の別の場所に移動せよとのタリバンの要求を断ると、その場の雰囲気はにわかに険悪化した。数分続いた押し問答の末、苛立った兵士が銃による威嚇を始めると、ナジブラは通訳と側近一人の同行を条件に、しぶしぶ要求を飲んだ。

タリバンは直ぐ、ナジブラと付き添いの二名を門外に連れ出し、別々のトラックに乗せて国連事務所を離れた。ところが、彼らは出発後程なくアリアナ公園の近くでトラックを突然停止させ、付き添いの者たちの下車を強制した。混乱と恐怖で棒立ちの二人を残し、ナジブラを乗せたトラックは闇の中へ走り去った。タリバンはその後午前五時四五分頃、別の部隊を国連事務所に派遣し、ナジブラの実弟アフマザイも何処かへ連れ去った。

ナジブラとアフマザイの遺体が発見されたのは、夜が明けて間もなくのことであった。二人は並んで、国連事務所から数分の距離にある、アリアナ公園近くの交差点の交通監視塔から吊されていた。ナジブラの体は血塗れで、明らかに拷問された後があった。アフマザイの方は拉致された後、直ちに殺害されたようであった。二人の口には「金亡者」の烙印として、アフガン紙幣が捩じ込まれていた。タリバンは同日の早朝再び、兵員を国連事務所に送ったが、このとき既に処刑の知らせは広まっており、生き残ったナジブラの二人の側近は、事務所の裏塀を乗り越え市中に逃れた後であった。タリバンは同日、この側近二人を逮捕して処刑したと発表した。発表は、マスコミなど国際社会により、そのまま事実として信じられた。

悲劇を伝える急報がニューヨークの国連本部に飛び込んだのは、二七日の未明であった。「カブールはタリバンによって占拠された。ナジブラは処刑され、遺体が市内の交差点で吊されている」と、カブールからの第一報は手短に要点のみを伝えた。ガリ事務総長はその日の内に、事件に対し遺憾の意を表明した。ホール代表も同日、イスラマバードで声明を発表し、ナジブラと弟の殺害に対し「深い幻滅」を表明し、当該行為が国連の建物と敷地の不可侵を保障した国際法の重大な違反であるのみならず、国連の和平活動そのものを危機に陥れたと強く非難した。安保理は翌二八日に公式の議長声明を発表し、国連事務所の侵犯に懸念を表明すると共に、タリバンによる残虐なナジブラの処刑に対し、同様の幻滅感を表した(26)。

ナジブラと弟の遺体は、二日の間衆目に晒された後、国連の仲介で親族に引き渡され、彼の故郷である東部のパクティア県のガルデスに埋葬された。享年四九歳であった。遺品は全て、インドに住む未亡人の元に届けられたが、ナジブラが最後の情熱を傾けた「グレートゲーム」の翻訳原稿は、カブール陥落に伴う混乱の中で失われ、今日に至っても発見されていない。

国連を頼り、保護を求めたナジブラの無残な最後は、人命保護のため国際社会が担うべき国連の責任と役割に関し、重い問いかけを残した。国連の和平活動を、デパートのショーウインドーのガラスに例えることがある。泥棒（和平に非協力的な紛争当事者）が、ショーウインドーの中の商品（平和や人権など）を盗むにはガラスを壊さねばならないが、その場合、大きな音がして世間（国際社会）の注目が集まってしまうので思い止どまる、という意味だ。しかし、このガラスの抑止力は、世間の目が厳しく、泥棒が回りを気にせざるを得ないことを前提にしている。世間が犯罪に対し無関心で、事なかれ主義を決め込んだ場合、抑止は何の効力も持たない。ナジブラが死んだ夜、国連のガラスは粉々に打ち砕かれた。破片は周辺に飛び散り、平和を願う者たちの胸に突き刺さった。

ナジブラの処刑からまる一日たった九月二八日の正午頃、カブールから四〇〇キロ近く離れたイスラマバードの国連事務所の前に、埃まみれで疲れ切った様子のアフガン人の男二人が姿を現した。二人は自らを、ナジブラの側近で彼の私設秘書であったエシャク・トルキと、護衛であったハヤトゥラ・ジャスパーと名乗り、国連の保護を求めた。彼らは、カブールの国連連事務所から逃れた後、タリバンの執拗な追跡をかわし、バスやトラックを乗り継ぎ、パキスタンまで逃れて来たという。国連は直ちに二人を庇護し、数日後国連職員の付き添いのもと、極秘の内に第三国に向け出国させた。アフガニスタンにおける国連史の、語られぬ一幕であった。

カブール占領後のタリバン

タリバンはカブール占領後直ちに、六名から成る暫定統治機構の設立を発表した。暫定統治機構は、オマール師と並んでタリバン創設時からのメンバーで、実質ナンバー2の実力者であるムハマンド・ラバニ師が率いることになった。

国際社会ではそれまで「タリバンが既存の勢力の変種にすぎず、首都の制圧など、一定の目的を達成した後柔軟化する可能性があるのか、それとも、あくまで一切の妥協を排する新しい形の政治的現象なのか」の判断で意見が分かれていた。また「他の都市とは違い、歴史を通し様々な民族が平和裏に共存したカブールでは、タリバンといえども過激な振る舞いを慎むのではないか」という淡い期待感も一部にあった。

しかし、カブールにおけるタリバンの統治は、この原理主義運動に関する如何なる曖昧な評価や期待も消し去った。タリバンは占領後日を置かず、既に支配下にある南部や西部と同様、女性の就労の禁止、女学校の閉鎖、ブルカ着用の強制など、過酷な戒律の実施をカブールで強制した。

とりわけ問題となったのは、タリバンが当初、カブールで三万近くの家族を大黒柱として支える、未亡人女性の就労まで禁止しようとしたことだ。国連はそれまで、このような未亡人にパン造りのための小麦粉を無償で提供し、出来たパンを販売させて彼女らの収入に当てる援助活動を行ってきた。この活動の存続は、彼女らが支える家族の生存にも関わるため、国連は情理を尽くしてタリバンを翻意させたが、女性の就労問題はその後も燻り続けた。タリバンはまた、女性が外出する場合、父親や夫など男の近親者の付き添いを強制する有名な「マハラム宗教令」を発布し、これをアフガン人ばかりか国連や非政府機関（NGO）で働く女性のイスラム教徒にも適用しようとした。このためタリバンは一時、多くの女性職員が働く国連の人道援助機関やNGOと険悪な関係に陥った。

タリバンが、反対勢力との妥協に応じる気配は微塵もみられなかった。タリバンはカブールの占領の直後、ラバニ、マスードやドスタムなどに対し「死刑」を宣告し、彼らとの交渉の可能性を否定した。また、ナジブラの処刑は、それまでタリバン寄りの立場を取ってきたドスタムなど、かつて共産主義政権に仕えた者達を震え上がらせ、反タリバン勢力の側へ走らせた。

タジク族を代表するラバニとマスード、ウズベク族のドスタム、ハザラ族のカリム・ハリリは一〇月の初旬、アフガニスタン北部で会合を開き、パシュトゥン族中心のタリバンに対抗する軍事同盟の結成に合意した。この同盟は、「北部連合」の通称で知られるが、その結成以降「パシュトゥン族対非パシュトゥン族」という、内戦の民族紛争としての性格が、一段と現実味を帯びてくる。一般の民衆も、深まる部族間の対立に敏感に反応した。タリバン支配下のカブールからは、タジクやハザラなどの少数派民族系の住民の脱出が相次ぐ一方、地方から来たパシュトゥン族系の国内避難民の、首都への流入が目立つようになった。

首都を放棄したタジク族部隊は、マスードの拠点であるパンジシール渓谷に撤収した。タリバン部隊はマスードを、カブールの北方一〇〇キロに在る渓谷の入り口まで追撃したが、戦線が伸び切ったところで強固な反撃にあい、首都の近郊まで押し戻された。北部連合に寝返ったドスタムも、小型爆撃機を繰り出し、カブール周辺のタリバンの陣地に空爆を行った。ヘラトから敗走したイスマエル・カーンは、イランの助けによって北西部の戦線に復帰し、タリバンに圧力をかけた。

これに対してタリバンは、兵員の大幅な増強を行い、九七年の初めに総反撃を行った。増強は、カブールなど新たに占領した地域からの徴兵と、パキスタンのマドラッサからの増援でまかなわれた。反撃は成功し、マスードは再びパンジシール渓谷への撤退を余儀無くされた。タリバンの兵力は九六年の暮れまでに、三万五〇〇〇から四万人に達していた（**巻末「一九九六年春の時点での勢力分布図」**

参照）。

タリバンによるカブールの占拠と苛烈な統治は、国際社会の憂慮を深めた。米国指導者はそれまで、アフガン内戦に中立的な立場を取っており、カブール陥落直後も、タリバン政権の国家承認に、将来の含みを残す発言を繰り返してきた。しかし、カブールから次々に発せられる報道などにより、余りに国際常識からかけ離れた統治の実態が明らかになると、徐々にタリバンと距離を置くようになった。中央アジアでのイスラム過激主義の蔓延を警戒するロシアは、アフガニスタンと国境を接するウズベキスタンやタジキスタンと共に、反タリバンの姿勢を鮮明にし、北部同盟への支援を強めた。カブール陥落当時、タリバンと反対勢力の調停を進めていたイランの反発は強く、軍事援助を増強して反タリバン勢力の糾合を画策するなど、タリバンに対しあからさまな対抗措置を取るようになった。これよりロシアとイランは、タリバンへの外交攻勢を強めるため、国連安保理の場でも積極的に共同歩調を取るようになる。

カブールの陥落を機にアフガン問題は、にわかに地域紛争の色合いを強めた。ここに至り、内戦の当事者間の調停に力点を置く、国連アフガニスタン特別ミッション（UNSMA）の行き詰まりは、隠しようのない事実であった。

注

（1）国連総会決議 A/RES/48/208. 九三年一二月二一日採択。

（2）安保理議長声明 S/PRST/1994/4 と S/PRST/1994/12.

（3）事務総長報告書 A/49/208-S/1994/766. 九四年七月一日提出。

（4）ラバニは「共産主義者」であるドスタム将軍の会議への参加に抵抗した。ヘクマティアルは、首都カブールなど対抗勢力の支配する地域での会議への参加に「安全上の理由」から難色を示した。

（5）事務総長報告書 A/49/688. 九四年一一月二二日提出。

（6）クエッタ会議に出席した多くは、ダウド政権以前の政府高官、法律家や国王の顧問など、六〇年代の「新民主主義」の時代に活躍した者たちであった。たとえば、元首相モハンマド・ユソフ（六三―六五年）、元最高裁判事で国王の顧問アブドゥル・サタール・シラト、六四年憲法の起草者の一人サイド・マジュルーフなど。「新民主主義」の時代に関しては、第一章第2節の中の「米・ソのグレートゲーム」と、同章の注（8）を参照。

（7）治安の維持のため、国連のPKOではなく、アフガン人部隊を編成し、カブールのみに投入することになったのは、当時から米国など安保理の理事国を中心にアフガン紛争に直接関与することをためらう空気が強く、国際部隊の派遣が無理だと見られたからだ。この安保理の国際部隊投入に対する消極的な姿勢は、ボン和平合意を受けて本格的な国連活動が始まった二〇〇二年以降も変わりがない。

（8）事務総長報告書 A/49/688. 九四年一一月二二日提出。

（9）DPI Press Release SG/SM/5555.

（10）マスードの勝利の一因は、イランが彼のために軍事物資をカブールに急送したためといわれる。イランはそれまで、自らが後押しするシーア派ハザラ族のイスラム統一党と敵対関係にあったマスードと疎遠であったが、スンニ派イスラムの過激組織であるタリバンの台頭に伴ないその方針を変え、マスードを含めた反タリバン勢力の全てを支援するようになった。これより、タリバン原理主義運動を支援するパキスタンとサウジアラビア、反タリバン勢力をそれぞれの都合で後押しするイラン、ロシア、ウズベキスタンとタジキスタン、という二〇〇一年のタリバン崩壊まで続く周辺諸国の介入の図式が出来上がる。

(11) ババルはベナジル・ブットの父ズルフィカル・アリ・ブット首相在任中の七〇年代中盤にも、アフガニスタン問題に深く関与した。例えば彼は、ラバニ、マスードやヘクマティアルなどのイスラム主義者を反政府勢力として育てるため、パキスタンで秘密裏に訓練したことで知られている。

(12) この輸送部隊には、パキスタン軍の情報局（ＩＳＩ）の将校と、タリバンの代表二名が同乗していたという。

(13) タリバンのカンダハールへの侵攻の背景は霧に包まれている。最初から侵攻が予定されていたのか？　そうでないとすれば、何時、誰が侵攻を指令したのか？　今も、不明な点が多い。ただ、タリバンがカンダハールを僅か二日で占拠できたのは、当時この都市で最も有力な軍閥を率いたナクィブ師に、ＩＳＩから大掛かりな買収工作が行われたためといわれる。ナクィブ師は、賄賂と自らの地位の存続を条件に、タリバンに抵抗しないことを合意したとされる。

(14) パキスタンにあるマドラッサの数は、デォバンディ派を含めて一万以上といわれ、合計一〇〇万人近くの学生が学んでいるという。この多くは政府の管轄外で、教科に自然科学や歴史など、コーラン以外の科目を含むことが希で、バランスのとれた教育を提供しているとはいい難いとの批判がある。このような状態であるにもかかわらず、アフガン難民の教育のための国際援助は不足がちで、ほとんどの難民の子弟はマドラッサ以外で教育を受けることができなかった。

(15) パキスタン各紙の報道によると、マドラッサで徴用された神学生は、まとめてバスに乗せられ白昼堂々とアフガニスタンへ送られたという。到着後、神学生の多くは銃の取り扱いなど一カ月ほどの軍事訓練を受けた後、前線に送られた。ある推計によると、タリバンが滅亡する二〇〇一年までの間に、アフガン難民とパキスタン人を合わせて延べ一〇万人にのぼる神学生が、タリバンの加勢のためアフガニスタンに入ったという。

(16) タリバンの母体であるデュラニ族と比べ、ヘクマティアルなどムジャヒディン各派の中で原理主義色の濃いパシュトゥン系勢力は全てアフガニスタン東部に居住するギルザイ族出身である。ところで、タリバン指導部の中で数少ない非デュラニ族はオマール師自身で、彼はギルザイ系のホタク族出身である。オマール師は後年、タリバンの中で独裁的な地位を固めるが、この背景には彼の少数派部族出身という「負い目」に対する反動があったと指摘する説もある。

(17) ATTの下では、電化製品など特定の項目の物資が封印されたコンテナーでパキスタンに陸揚げされ、無関税のままアフガニスタンに送り込まれることになっている。これらの物資はアフガニスタン内で消費されるべきものだが、パキスタンなどに逆輸出され〝免税品〟として売られる場合が多い。世界銀行の推計によると、この様なATTを悪用した密貿易の総額は九七年には二五億ドルに上った。実に、同年のアフガニスタンの国内総生産(GDP)の推計の半分近く、或いはパキスタンの同年の総貿易額の一二―一三%にあたる。ATTに絡む密貿易はタリバンの最大の収入源であった。

(18) タリバンが台頭し始めた九五年頃、米国務省の外交官は国連に対し「米国にとって、どのアフガン勢力が政権を握るかは問題ではない。問題は、政権を握る者がアフガニスタンに安定をもたらし得るかどうかだ」と繰り返し述べ、米国としてはタリバンのような極端な原理主義運動であっても政情を安定化する能力があるのであれば敢えて反対することがないと示唆をした。米国が当初タリバンに批判的でなかった背景には、アフガニスタン南部を通る天然ガス・パイプライン建設計画が、米国の石油会社UNOCALを中心に進められていたからともいわれる。

(19) 参加者の中には、多数のデェオバンディ派マドラッサの指導者が含まれていたという。ハカニア神学校のサミウル・ハクもその一人であった。

(20) ジハードは本来、異教徒との戦いを指して使われるものである。ラバニやマスードのアフガン人勢力とのジハードを宣言したことにより、タリバンは反対勢力を常に「腐敗した、反イスラム勢力」として扱わざるを得なくなり、彼らの交渉における柔軟性を著しく減少させた。同じことは、Ameer-ul-Momineen の称号についてもいえ、オマール師は自らを「聖人」の域に押し上げることにより、事実上、反対勢力の指導者と対等の立場で交渉することを拒否した。

(21) ゴルバチョフ書記長は、もともとアフガニスタンへの侵攻に批判的であったが、八六年一一月一三日の党中央委員会政治局の会議において、同国からソ連軍を八八年の暮れまでに撤退させることを秘密裏に決定した。これにより、反政府勢力との和解を求めるナジブラへの圧力は一層強まった。

(22) Ibid.（第一章注（3））

(23) マスードがカブールからの全面的退却を麾下の部隊に命じたのは、二六日の午後三時であったという。カブールはもともと盆地の中の平野に在り、四方ががら空きなので、攻めるに易く守るに難いことで知られる。北部連合が二〇〇一年の一一月にカブールに迫ったときも、タリバンはほとんど無抵抗で南方に撤退した。

(24) 国連本部の在るニューヨークより、アフガニスタンは八時間半進んでいる。

(25) 目撃者によると、乗用車の車内には、複数の「外国人将校」の姿が見られたという。

(26) 安保理議長声明 S/PRST/1996/40.

第四章　国連アフガニスタン特別ミッション・中期（一九九七―九八年春）

タリバンがカブールを占領した後、アフガン問題の民族紛争としての側面に加え、周辺諸国を巻き込む地域紛争としての側面が、頭をもたげ始めた。タリバンが標傍するイスラム過激主義は、ロシアやイランの憂慮を深め、反タリバン勢力へのあからさまな支援に走らせた。一方、タリバンの勝利を確信するパキスタンは、同運動への盲目的な肩入れを強めた。

国連アフガニスタン特別ミッション（UNSMA）の活動は、和平への意欲を見せぬ当事者と、内戦への介入を深める周辺国の狭間で、進退極まった状態に陥った。紛争の悪影響は、難民問題に止まらず、麻薬の密貿易、イスラム過激主義の蔓延、国際テロ組織の跳梁などの形を借りて次々と顕在化し、地域のみならず、世界各地へ波及していった。

もはや誰の目にも、紛争の内的側面に力点を置いた和平方針の破綻は明らかであった。国連はついに、平和創成活動の再生をかけて、介入を続ける地域諸国と、無関心を決め込む国際社会に、真っ向から向き合う決意を固めた。

1　新たな活動方針――介入国との対決

新特別代表の任命

「アフガニスタンに和平の展望はない。紛争当事者や周辺国は皆、口を揃えて国連に協力すると言うが、何の実行も伴っていない。当事者が戦闘を止める気がなく、周辺国が介入を続ける限り、和平を達成することは不可能だ」

行き詰まった和平の現状を憂う政策立案書が、国連事務局内で起草されたのは、九七年の初夏のことであった。その背景に在ったのは、和平活動のあり方そのものに対する共通の危機感だ。平和創成活動を指揮する国連政治局では、年頭に新事務総長として就任したばかりのコフィ・アナンに、和平方針の抜本的見直しを具申した。

アナン事務総長は、提言を直ちに実行に移した。彼は七月に、アルジェリアの元外務大臣であるラクハダール・ブラヒミを、新たなアフガニスタン担当の事務総長特別代表に任じ、和平活動方針見直しと、新政策の実施の総指揮を委ねた。

ブラヒミは、政治局の関係者と共に、直ちに和平活動方針の見直しにとりかかった。闊達な議論の末に彼らが到達したのは、「国連はアフガン紛争の外的側面――即ち、周辺諸国による内政干渉と国際社会の無関心——を避けて通ることはできない」という結論であった。加盟国との対決を避け、紛争の内的側面——内戦の継続——の解決に没頭していれば良かった時代がとうに過ぎたことは、もはや何人も否定し難い現実であった。「紛争当事者に対する外部からの軍事援助こそが、内戦の継続を可能ならしめたのであって、外的側面を放置して内的側面の解決はありえない」という自明の理が、冷戦期の東西イデオロギー対立の終焉後、数年にわたる試行錯誤を経て引き出されたのである。

かくして、介入を続ける周辺国に対して「主に説得や忠告を通し、政策の転換を迫るが、場合によっては安保理など公の場で介入の実態を白日の下にさらし、対決することも恐れない」という、より積極的な対抗策を取ることが決まった。無関心を装う一般の加盟国に対しても、強い警告を発することが決まった。

介入を阻止するための具体策として、関係国による非公式のグループが、国連主導の下に設立されることになった。グループの目的は、介入の実態に関する本音の議論を通し、介入国の責任を自覚させることであった。紛争当事者への武器や弾薬の供与を自粛させるには「拡大の一途を辿るアフガン紛争の悪影響を直視し、紛争解決への道を共同で模索する場を設けることが必要」と考えられたのだ。

グループを設立するに当たり、その介入の度合いと影響力の性格にしたがって、関係国は次の三つの集団に分類された。

第一の集団——アフガニスタンと直接国境を接する、中国、イラン、パキスタン、タジキスタン、トルクメニスタンとウズベキスタンの六カ国。

第二の集団――隣国ではないが紛争に何らかの関与をしているか、直接の影響を受けている国（キルギスタン、カザフスタン、インド、ロシア、サウジアラビアとトルコ）。

第三の集団――紛争に直接関与していないが影響力のある国（米国、日本、ドイツなどの欧州諸国が含まれた）。

慎重な検討の結果、国連は大小二つのグループを設立し、同時並行的に議論を進めることを決めた。大きなグループは「G－21」と呼ばれ、上記の三つの集団全てを含む二一カ国とイスラム諸国会議機構（OIC）から成る。(1) 小さなグループは「6プラス2」と呼ばれ、第一の集団の六カ国に、米国とロシアを加えたものであった。

「6プラス2」の構成は大いにもめた。日本やドイツは、和平交渉の核となるこの小グループへの参加を強く希望したが、果たせなかった。両国とも、安全保障理事会の新常任理事国候補として名乗りを上げており、アフガニスタンなど、国連が関与する地域紛争の解決に応分の貢献をし、他の加盟国から一歩抜きん出た実績を作ることに躍起であった。アフガン和平に直接関与したいという両国の願望は、国連事務局の中で同情的に受け止められた。(2) これは、和平達成後の復興援助のため、経済大国である日本とドイツの協力が不可欠であり、両国を政治交渉の初期から関与させることが、国連にとっても、両国にとっても、望ましいと考えられたからである。インドの参加も問題となった。同国が歴史的に、アフガン問題に深く関わっていることは間違いなかった。しかし、カシミールをめぐり敵対関係にあるパキスタンが強い難色を示したので、インドの参加は見送られることになった。(3)

日本との協議

ブラヒミ代表は八月中旬より関係諸国を歴訪し、和平の新方針と、その実行のための具体案を説明した。訪問国は、アフガニスタンとその周辺諸国に加え、米国、ロシア、欧州諸国、サウジアラビア、インド、日本など、合計一四カ国に及んだ。

ブラヒミの東京訪問は、一カ月半にわたった関係国歴訪の後半にあたる九月中旬のことであった。アフガン問題担当の国連代表として初めて日本を訪れたブラヒミは、当時の小淵恵三外務大臣をはじめとする日本政府の要人と精力的に会談して、新たな和平方針への支持を訴えた。

小淵外相とブラヒミの会談は九月一七日に行われた。この会談で小渕外相は「周辺諸国がアフガニスタンに介入していることは、日本としても承知している」と述べて国連の新方針に理解を示した上で、「アフガン紛争当事者への軍事援助を止めさせるため、日本政府としてもできるだけの影響力を、介入国に対し行使する用意がある」と明言した。外相はまた、アフガン当事者間の和平交渉の可能性に言及し、「もしそのための会議が東京で開かれるなら、政府はできる限りの支援を惜しまない」と語り、国連主催の和平会議を日本へ招致する方針を明らかにした。

これに対しブラヒミは、小淵外相が数日後に迫った国連総会に出席したとき、米国やロシアとの閣僚会談の場でアフガン問題を提起し、和平の必要性に関し、関係国の関心を高めるよう要請した。日本自身の和平への協力について国連代表は、「単に和平会議の東京開催を提案するだけでは十分とはいえない」と述べた上で、「（傍観者としてではなく）日本は国連のパートナーとして和平活動にもっと深く関与すべきだ」と論じ、日本自身が独自の指導力を発揮して、主体性のある協力をするよう求めた。

新方針の決定

アナン事務総長は、総会と安保理に提出した年次報告書の中で、和平活動の新方針を加盟国に説明した[4]。新方針は「二つのトラック方式（two-track approach）」と呼ばれたが、まず紛争の外的側面の解決により外堀を埋め、紛争当事者の継戦能力と士気を低下させたうえで、内堀――内戦問題――の攻略に当たるというものであった。

アナン事務総長はまず、これまで幾度も繰り返された和平努力が実を結ばなかったのは、「アフガニスタンが冷戦終結後に戦略的価値を失い、世界の大国の関心を引けなくなったうえに、（内戦の継続により）責任ある政治的権威の存在しない無政府状態に陥ったためだ」と分析した。そのうえで彼は「幾つかの外国政府（some outside Powers）から紛争当事者に向けた絶えざる軍事支援と（それを黙認する）他の国々の無関心」こそが内戦継続の原因であると指摘し、「このような環境で平和を達成できると思うのは幻想にすぎない」と断じた。

事務総長は、介入国が「表向きは国連の平和創成活動を熱烈に支持する振りをする一方で、武器や資金などを、彼らのお気に入りのアフガン勢力に垂れ流して紛争を煽っている」と糾弾し、その偽善的な態度を痛烈に批判した。また、「彼らはこぞって〝外国の干渉〟を非難するが、『そのような干渉は敵対勢力のみが行っている』と付け加えることを忘れない」と語り、介入国が責任をなすり付け合う実態を皮肉った。

アナン事務総長はまた、「アフガニスタンで発生した火事（内戦）は今や国境を越え、テロ、略奪行為、麻薬の密貿易、難民の流出、民族・宗教問題などに姿を変え、地域のみならず国際社会全体に広がりつつある」と述べ、具体例を示しつつ、紛争が未解決のまま放置された場合の潜在的危険に対し、異例の警告を発した。そのうえでアナンは、介入国がアフガン内戦の継続のみならず、「紛争が地域へ及ぼす悪影響」に対しても、責任を負うべきであると述べ、介入国の政策転換を迫った。

介入を阻止するための具体的措置として、アナン事務総長は国際的枠組み創造の必要を強調し、そのために前月から国連本部で「G－21」と「6プラス2」の会議を開始したと報告した。事務総長は、会議の目的は「干渉を無くすことにより紛争当事者を交渉の場に引き戻すこと」であると定義付け、「公正で検証可能な」武器禁輸の実施に関し、加盟国と共同で予備的な研究を開始する意向を示した。

アナン事務総長は、紛争の外的側面を直視する新たな和平活動を、不退転の決意で押し進めるつもりであった。彼は、介入国があくまでも協力を拒否し、それに対し国際社会が何の行動も取らないのであれば、「和平活動を一時中止するか縮小する」という意向さえ、内々に示した。これは、「国連は、和平に不熱心な加盟国の〝恥部〟を隠すための〝イチジクの葉〟に成り下がるべきではない」という、国連活動の主体性を重んじる新事務総長の、揺るぎない信念を映したものであった。

国際的枠組み造りと平行し、事務総長はアフガン人紛争当事者との緊密な接触を維持し、停戦と政治交渉の復活を目指す方針を明らかにした。事務総長はしかし、紛争当事者の間に多々見られる「自らは国連への協力をよそおい、対抗勢力の責任のみをあげつらう」ごとき不誠実さを遠慮なく指摘し、介入国に対してと同様に、国連の和平努力に真摯に協力することを求めた。

「G-21」と「6プラス2」

ブラヒミ代表は「G-21」と「6プラス2」を次々に招集し、関係国に対し、アフガン紛争の外的側面を直視する必要性を訴えた。

「G-21」は一〇月一日に開催された。ブラヒミは「先にアフガニスタンを訪問した際、全ての紛争当事者が、周辺国による介入が和平への最大の障害であると訴えたが、全く同感だ」と述べた上で、「武器や資金、燃料などの軍事物資の、紛争当事者への流入を止めることが、和平達成のため必要不可欠だ」と明言した。国連代表はまた「（国際社会が国連に対し）最低限の協力と支援さえ行わず、国連に和平活動の継続だけを要求することは、とても容認し難い」と迫り、関係国のみならず、加盟国全体の責任の自覚と、国連への実効ある協力を促した。

介入阻止の具体策を論ずる場である「6プラス2」の初会合は、一〇月一六日に行われた。この会合のための米国は、ワシントンから南アジア担当のカール・インダファース国務次官補をニューヨークに派遣した。他の七つの参加国からは、それぞれの国連常駐代表の大使が参加した。

ブラヒミ代表は冒頭で、会議の目的は「紛争当事者に戦闘を止めさせ、交渉の席に引き戻すため、（6プラス2に参加する）八カ国が、それぞれ個別に、あるいは団結して、如何なる具体的措置が取れるか」を検討することであると位置づけ、抽象論や建て前の議論をでき得る限り避けるよう要請した。

「6プラス2」参加国は活発な議論を開始した。参加国はまず「紛争の悪影響は既に、難民の流出、麻薬の密貿易、民族間抗争の激化などに形を変え紛争の地域に広がり始めており、これ以上悪化する前に解決する必要がある」と揃って訴える一方、「紛争を軍事的手段で解決するのは不可能であり、停戦と政治交渉の再開は不可避である」との現状の基本的認識で一致を見た。参加国はさらに、直ちに行うべき具体策として、（1）和平の進め方に関するグループの共通の原則の確立、（2）武器禁輸の実施可能性に関する国連との共同研究の開始、に同意した。これらの措置を通し、和平へ向けたグループの団結と決意を示し、アフガン人紛争当事者に効果的な圧力をかけるのが目的であった。

ところが、議論が具体策の実施などの各論に移ると、「6プラス2」の参加国はたちまち立場の大きな違いを露見させ、足並みの乱れをさらけ出した。

パキスタンは、紛争の政治的解決の必要を認める反面、「そのような解決は、外部から押し付けるのではなく、アフガン人自身に委ねるべきだ」と主張し、外部者の集まりである「6プラス2」が和平の主導権を握ることに疑問を呈した。同国はさらに「国際社会は（タリバンが首都カブールを含む国土の六割を支配しているという）アフガニスタンの現状（ground reality）から目を逸らすべきではない」と論じ、国連総会でアフガニスタンを代表するラバニ政権を追放し、同国に割り当てられた議席を空にすべきだと訴えた。パキスタンによると、この「空席案」の採用により、「国連に批判的なタリバンの考えが変わり、交渉再開への呼び水になる」可能性があるという。

しかし、他の参加国はこの「空席案」を一顧だにしなかった。[5]米国は「国連への代表権の問題は全ての角度から検討されるべきだ」と述べた上で、「タリバンはパキスタン案を、和平への励みというより、軍事的成功の褒美としてとらえかねず、ますます非協力的な態度を取る可能性もある」と断じ、反対の姿勢を明確にした。反タリバン勢力を支援するロシアやイランは、「空席案」に言及することすら控え、完全に黙殺した。ブラヒミ代表は、「空席案」を事務総長に勧告するようパキスタンから強い働きかけを受けたが、「代表権問題は加盟国の問題であり、事務局が関与することではない」と説明し、協力を拒否した。

和平の共通原則の確立

和平の進め方に関する共通の原則の確立を目指し、「6プラス2」は一〇月三〇日と一一月二五日に、それぞれ第二、第三の会議を開いた。グループは第三の会議までに、（1）紛争は、アフガニスタンの領土の保全や国家の統一のみならず、地域や国際の安全にまで深刻な脅威となっており、早急に解決する必要がある、（2）紛争当事者は、自らが軍事的に優勢であるときは和平を拒否し、劣勢であるときのみ交渉に関心がある振りをしてきたが、今こそ平和を望むアフガン国民と国際社会の要請に答えるべきである、(3)戦闘と介入がどれ程続こうとも、当事者の一方による紛争の軍事的解決は有り得ない、(4)武器や軍事物資の流入を阻止するため、公正で検証可能な武器禁輸の実施の可能性を探るが、もしそのような措置が可能でない場合、「6プラス2」は自主的に(軍事援助など)紛争を悪化させる可能性のある行為を慎む、(5)今こそ国連主催の和平交渉を再開して、全ての民族、宗教、文化、政治、社会グループによって受け入れ可能な民主的政府の樹立を目指す、(6)紛争当事者は、敵対勢力との信頼関係の回復のため、何らかの信頼醸成措置を実施し和解への決意を示す、(7)全ての当事者が参加する停戦監視のための組織を設立する必要がある、という和平の推進のための大原則に合意した。ちなみに、これまで「6プラス2」参加国は、アフガニスタンへの干渉を公式に認めたことはなかったが、第四の原則の中で「自主的に紛争を悪化させる可能性のある行為を慎む」ことを誓約することにより、間接的ではあるが、初めて軍事的介入の事実を認めた。

しかし、これらの大原則を実行するため「国連は如何なる役割を果たすべきか」という肝心な点に関し、国連とパキスタンの考えが大いに食い違った。国連の原案では「国際社会の和平努力は今後、全て国連を通して行われる」となっており、国連による和平の主導権を明確にしたものであった。これは、それまで周辺諸国が必ずしも全紛争当事者にとって公正とはいえない独自の「和平活動」を行っており、効果的な和平の推進のためには、これらの活動を国連の下に統合する必要性があったからだ。[6]

ところが、パキスタンは「アフガニスタンとわが国は特別な関係にあり、紛争解決に関する利害は、他の国と比べものにならないほど高い」と言い張り、国連に全てを委ねることは到底承服し難いと主張した。ブラヒミ代表は「平和を真剣に求めるのであれば、なぜ全ての和平努力を国連の下に統合できないのか」と食い下がり、「国連との協調は情報の交換で十分」と譲らぬパキスタンとの間で、火花を散らした。

結局、この問題は「国連は、普遍的に認知された仲介者として、アフガン紛争の平和的解決のため、中心的で公平な役割を続けねばならない」という、それまで安保理決議の中で言い古された表現に落ち着き、中途半端な妥協が成立した。(7) 国連を和平の唯一の窓口にし、その中心に在る「6プラス2」の責任を明確にしたうえで、決然と新たな平和活動に乗り出そうとした試みは、赤裸々な国益優先主義の前に、早くも暗礁に乗り上げる様相を見せた。

「6プラス2」の参加国は九八年の初めまでに、和平の進め方に関する共通原則に最終合意した。(8) 共同原則は直ちに、国連によって紛争当事者に配られた。参加国は、それぞれのアフガン紛争当事者との交渉において、この共通原則の活用を約束した。しかし、タリバンは後に共通原則に対する態度を書面で表明し、素っ気ないほど単刀直入に、共通原則の有効性を否定した。タリバンの書面の要点は次の二点であった。（1）停戦には意味がない。何故なら、停戦は過去何度も試みられたがいずれも成功せず、むしろ新たな戦闘の準備期間となっただけだ。（2）部族間のバランスの取れた民主政府をいまさら設立する必要はない。それは既に、タリバンによってカブールで発足しているのだから。

武器禁輸の可能性の模索

「6プラス2」は、武器禁輸の実施可能性について、九八年の春までに国連との共同研究をまとめた。研究は、米国とロシアからそれぞれ提出されたアフガニスタンへの武器の流入に関する調査書を基に、アイルランド空軍から出向したUNSMAの元軍事顧問と、国連のPKO局の間で行われた。

共同研究はその結論で、アフガニスタンは陸封国で、兵器産業も存在しないため「紛争当事者が戦闘継続のため、武器弾薬などの軍事物資の外部からの補給に依存していることは間違いない」と断定した。研究によると、アフガニスタンへの軍事物資の供給は、幹線道路、空港、（アムダリア川を渡る）渡し船など、合計三六二の通過点を経由して行われていた。アフガニスタンとパキスタンの国境は全長約二四〇〇キロだが、この国境線だけでも二つの幹線道路に加え、自動車が通行可能な少なくとも六つの支線と、人やロバ専用の五六の間道があることが、研究を通して明らかになった。紛争当事者がアフガニスタンで行っている低烈度（low-intensity）の戦闘を継続するためには、毎月合計二〇〇〇から四〇〇〇トンの軍事物資の補給が必要であると試算された。

共同研究は、効果的な武器禁輸のためには「全ての通過点を二四時間体制で監視するしかなく、そのためには、一万人余りの監視員を展開させる必要性がある」と結論付けた。しかし、これはほとんど実現不能な案であった。紛争地に監視員を配備するためには、彼らの安全を守るための重武装した大部隊と、戦闘に没頭する紛争当事者全員の協力が必要となる。これに加え、配備のためにかかる膨大な費用を考えると、とても加盟国の支持を期待できなかったためだ。他に、一〇〇名ほどの警察や税関の専門家を周辺国に派遣し、それぞれの国境での監視を強めるという「低予算の案」も考慮されたが、これは周辺諸国に協力の意思がない場合、武器禁輸の検証のしようがないため、最初の案と同様に採用されなかった。

「6プラス2」参加国の間でも、武器禁輸に関し活発な論議が行われた。パキスタンは、国連憲章第七章を発動して、強制力のある包括的武器禁輸を課すべきだと主張した。しかし、米国、ロシアやイランは、パキスタン案の背後に在る動機に対し、懐疑的な態度を隠さなかった。これは、包括的武器禁輸が、空港や渡し船など、検証が比較的容易な通過点に依存する北部連合にとって、格段に不利であることが一目瞭然であったためだ。一方、タリバンが支配するアフガニスタン南部とパキスタンの国境は、複雑に入り組んだ間道が多数通り、仮に武器禁輸を課しても検証がほとんど不可能であることは、対ソ戦時代に実証済みであった。

包括的武器禁輸を提唱するパキスタンも、禁輸の対象にジェット燃料など、軍事用の石油製品を含むべきだとの国連の提案には、強固に抵抗した。これは、タリバンが空軍力で優勢を保つためには、大量のジェット燃料の補給が不可欠であったためだ。加えて、小口に分散して運べる他の軍事物資と違い、ジェット燃料の運搬には大型の専用トラックを使用せざるを得ず、国際監視の目を逃れることが困難であったためと考えられる。

周辺国の介入の実態

国連事務局では、パキスタン以外の周辺諸国の介入の実態に関しても、つぶさに検証が行われた。

周辺国の中でもイランは、イスラム教シーア派のハザラ族への援助を通し、アフガン紛争に深く関与しており、極端なスンニ派の教義を仰ぐタリバンに反発を募らせていた。宗派上の理由の他に、イランのタリバンに対する警戒心の背景として、（1）イラク、サウジアラビア、パキスタンと（タリバン支配下の）アフガニスタンのスンニ派勢力による、シーア派イラン包囲網完成の阻止、（2）イランからアフガニスタン北部を通りタジキスタンまで続くペルシャ語文化と交易の回廊地帯を、パシュトゥー語を使うタリバンの浸透から守る、など地政学上の思惑を垣間見ることができる。

反タリバン勢力に向けた軍事援助は、イラン国内の保守派の牙城である革命防衛隊によって統制され、陸と空の双方から行われた。陸路は、イランと隣接するヘラトがタリバンに占領された九五年以降使えなくなったので、中央アジアの鉄道網を利用し、キルギスタンからタジキスタン経由で、マスードが支配するアフガニスタン北東部に繋がる経路が使われた。(9) 空路は、イラン東部のメシャドと、カブールの北のバグラム、北部に位置するタハール県のタロカン、マザリ・シャリフや中央部のバーミヤンに在る飛行場を直結するルートが使用された。メシャドの南やアフガニスタンとの国境地帯では、軍事訓練用のキャンプが創設され、タリバンに敗れたイスマエル・カーンの兵士約七〇〇〇名の再訓練が行われたという。

ロシアが、グレートゲームの時代のような直接的な野望を、アフガニスタンに対して抱いているとは考えにくかった。しかし一方で、タリバン型のイスラム原理主義が中央アジアや、チェチェンなどロシア支配下のコーカサス地域に蔓延することを、ロシア政府が強く懸念していたことは間違いない。この懸念はタリバンがカブールを占拠すると一挙に現実性を帯び、ロシアは、ソ連占領時代に敵対関係にあったラバニやマスードが率いるタジク族を中心に、反タリバン勢力への軍事援助を強化した。

ロシアの援助は、イランの場合と同様に、陸と空から行われた。陸路は、タジキスタンから、国境のアムダリア川を渡り、タジク勢力が支配するアフガニスタン北東部に繋がるルートが使われた。空路は、アラブ首長国連邦のシャルジャに設立されていた幾つかのロシア系航空運送会社を利用し、ブルガリアやアルバニアなどで仕入れられた武器や弾薬が、バグラムやタロカンに在る飛行場に送られた。(10) また、アフガニスタンとの国境に近いタジキスタン南部のクイヤブに設けられた飛行場が、マスードの部隊への補給に使われていたことは、広く知られている。

ロシアは九七年当時から、パキスタンに対する払拭し難い不信感を隠そうとはしなかった。ロシアの諜報担当の高官は、モクスワ訪問中の国連代表に対し、パキスタンのタリバンへの援助が、軍事物資の供与や、マドラッサ出身神学生のタリバン参加の黙認に止まらず、タリバンの作戦の立案や指揮の補助など、遙かに直接的なものであることを示唆した。この高官によると、関与の中心は、パキスタン軍の統合情報局（ＩＳＩ）で、退役した複数のＩＳＩ長官も、タリバン支援に活発に関わっていたという。この頃から、イランも同様の情報を国連に提供するようになった。

これに対抗し、パキスタンは九〇年代の終わり頃から、ロシアやイランから北部連合へ向けた軍事支援に関する情報を、しばしば国連に伝えてくるようになった。提供された情報は、北部連合が支配する飛行場に降りたつ軍用貨物機の数や機種から、流入する銃や軍靴の数に至るまで、実に事細かなものであった。

国連総会はUNSMAの設立以降、アフガニスタンにおける事務総長の和平活動の継続を求める決議案を、毎年暮れに採択していた。これらの年次決議は、加盟国を含む全ての国家に対し「アフガニスタンの主権と領土の保全を厳格に尊重し、内政への干渉を控えるよう要請する」という、干渉の具体例を挙げぬ一般的な条項を含むのが常であった。ところが、九六年一二月に可決された決議では、内政干渉に関する条項の内容が格段に強化された。同決議は、全ての国家に対し「外国の軍事要員の存在も含め、アフガン内政への如何なる外部からの干渉も厳格に控えるよう要請する」と、干渉の性格に関し初めて具体例が含まれた。(11)この決議は、別の条項で加盟国に対し「全ての紛争当事者に対する、武器、弾薬、軍事器材、軍事訓練やその他の如何なる軍事援助の供与を直ちに中止する」ことも要請している。

国連総会はその後も、アフガニスタンに関する年次決議を採択し続けたが、アフガン紛争の外的側面が加盟国の間でも問題視されるにつれ、内政干渉の禁止に関しする条項はさらに強化されていった。総会が九九年の一二月に採択した決議では、干渉が九九年を通して行われたことを強く非難し、全ての国家に対し「軍事要員が(アフガニスタンでの)戦闘作戦を計画したり(軍事行動に)参加したりすることを禁ずる断固たる措置を採ると共に、これらの軍事要員を直ちに撤収させ、弾薬などの軍事物資の供給を即時停止することを要求する」という、非常に強い内容になった[12]。

介入の実態を直視し、その弊害に対し国際社会の注意を喚起するという国連活動の新方針は、介入国の様々な抵抗に遭遇したものの、一定の成果を達成しつつあった。

2　マザリ・シャリフの虐殺

マリクの造反

カブールを九六年に占領して意気の上がるタリバンは、翌九七年の五月にウズベク族が支配するアフガニスタン北部の要衝マザリ・シャリフに迫った。

タリバンが攻略したカブールは、様々な部族が混生する都市であった。しかし、マザリ・シャリフが在るヒンドゥクシ山脈の北側は、タジク、ウズベクやハザラなどの少数派部族が人口の大半を占める地域であり、パシュトゥン人主体のタリバンにとって、非パシュトゥン人居住地帯への、最初の本格的な侵攻となった。

好機は、ウズベク人勢力の内部分裂によってもたらされた。ドスタム将軍の副官であったアブドゥル・マリク将軍が、タリバンと通じたうえで、五月一九日に反旗を翻したのだ。身内の反乱に不意を突かれたドクタムは、二四日にマザリ・シャリフを放棄し、トルコへ亡命した。反乱と呼応してタリバンは二六日に、一万人余りの大軍をカブール戦線から、マスードが支配する北東部を除く北部一帯になだれ込ませ、たちまち全域を掌握した。マリクは、マザリ・シャリフなど北部一帯での自治権の保証を条件に、タリバン側に寝返ることを承諾したのだという(13)。事態が急変する中、当時ヘラトの北の戦線に復帰していたイスマエル・カーンは、突然両面からの挟み撃ち状態に陥り、マリクの部隊に捕まった後、捕虜としてタリバンに引き渡された(14)。

謀略の成功に酔ったタリバンは五月二七日に、数千の部隊と共に意気揚々とマザリ・シャリフに乗り込んだ。ところが、ここで再度の逆転劇が発生する。

タリバン部隊は即日、それまでマザリ・シャリフを支配していたウズベクやハザラ人部隊の武装解除を強行した。これに反発したハザラ族部隊がまず、タリバンに向け銃口を転じた。戦闘はたちまち市街に拡大し、タリバンの「違約」を詰るマリクも、勇猛で鳴る麾下のウズベク人部隊を、南からの侵入者に向け解き放った。有頂天であったタリバン部隊は、地理に慣れぬ市街で四方から攻撃を受け、たちまち奈落の底に突き落とされた。阿鼻叫喚の中、マザリ・シャリフに入ったタリバン部隊は、ほとんどの者が殺害されるか捕虜となり、二八日には市街から完全に掃討された。

この機を逸さず、マスードのタジク人部隊も同日、パンジシール渓谷の拠点から一挙に打って出て、ヒンドゥクシ山脈の南と北を繋ぐサラング・トンネルの北側の道路を遮断し、タリバン部隊の分断に成功した。

アフガニスタンを取り巻く外交面でも波乱があった。当初の軍事的成功に勇気づけられたパキスタンが五月末に、タリバンを国家承認したのだ。タリバンに友好的であったサウジアラビアとアラブ首長国連邦も、時をおかずパキスタンの例に習った。わずか三カ国ながらも、三年前にカンダハール郊外の寒村で興ったタリバン運動は、遂に「政府」としての認知を受けた。

タリバンの勝利に対するパキスタンの確信は、マザリ・シャリフでの逆転劇以後も、微動だにしなかった。同年九月の国連総会に出席した或るパキスタン高官は、ブラヒミ代表に対し「大勢は既に決した。ウズベク勢力は弱体化し、唯一残ったマスードのタジク勢も、（カブール戦線と北部戦線から）タリバンによって挟撃される状態にあり、敗北は時間の問題だ」と自信ありげに語り、国連関係者を驚かせた。この高官は、持参したアフガニスタンの地図を広げ、マスードが如何に軍事的に孤立しているかを、自ら指で指し示しながら説明し、「国連は今後、アフガニスタンでの活動の中心を（もはや必要でなくなった和平活動から）人道援助や復興活動に移すべきだ」とまで言い切った。アフガニスタンの戦局はその後数年間、マスードの粘り強い抵抗のため、パキスタンの思った通りには展開しない。しかし、同国のタリバンに対する揺るぎない支援は、二〇〇一年九月の同時多発テロの勃発まで、何ら変化することはなかった。

虐殺事件の発覚

マザリ・シャリフの戦闘の後「捕虜となったタリバン兵士がマリクによって大量に虐殺されたので

はないか」という噂が、九七年の夏に現地で流れ始めた。大規模な人権侵害の可能性を、国連は深刻に受け止めた。ブラヒミ代表は、八月下旬にマザリ・シャリフを訪問した際、マリクに対し直接「虐殺の噂を打ち消すため、国際赤十字の代表による捕虜収容所の訪問を認めるよう」迫った。しかし、マリクは「安全上の理由」を持ち出し、言を左右にするのみで、国連への返答をはぐらかした。

虐殺の全貌は、同年の秋にマザリ・シャリフに復帰し、仇敵となったマリクを追放したドスタムによって明らかにされた。ドスタムによると、マリクはタリバン捕虜の処置に困り、その内二〇〇〇人余りを殺害し、近郊の砂漠に埋めたという。殺害方法は、捕虜を解放すると騙して収容所から連れ出したうえで、数箇所の井戸に投げ込み、上から手榴弾を投げ込んだうえで、ブルドーザーで埋めるという、誠に残虐なものであった。

国連は直ちに、現地にUNSMAの要員を派遣し、予備調査に当たらせた。調査の結果を受け、アナン事務総長は一一月一八日に声明を発表し、虐殺発生の可能性に対し「深い憂慮」を表明した(15)。国連はこの後、ジュネーブの国連人権高等弁務官の事務所を通し、問題の井戸やその他の虐殺跡の本格的現地調査を試みたが、戦闘の継続で思うにまかせず、虐殺の規模や状況に関し、事実に基づいた明確な結論を出せなかった。

アフガニスタンでは歴史的に、民族の違いを理由にした大量虐殺は、ほとんど無かったといわれる。しかし、九七年のタリバン捕虜虐殺事件以降、部族間の憎しみが尖鋭化し、アフガン問題の民族紛争としての側面が突出した。タリバンは翌九八年の夏に、マザリ・シャリフなど、アフガニスタンの北部と中部を再攻撃し、制圧に成功する。このときタリバンは、ウズベク族やハザラ族の兵士や住民に対し、大量殺人を含む、容赦ない報復を行った。特に、シーア派イスラム教徒を、異教徒であることより悪質な「背教者」と見るタリバンは、ハザラ族に対し苛烈な弾圧を加え、北部や中部一帯を制圧した後も、しばしば虐殺事件を引き起こした(16)。

民族抗争の悪化を懸念する国連はＵＮＳＭＡに、かねてより配備されていた政務官（political affairs officer）に加え、民政官（civil affairs officer）数名を九九年より配備することを決定した(17)。彼らの任務は、アフガニスタンの主要都市に展開し、市民団体や宗教指導者など、それぞれの地方の市民社会の代表と密接に接触を保ち、民族間の日常的関係や人権尊重の実態を、事務総長を通し国際社会に逐次報告することであった。これにより国際社会が、国際人道法上の最低限の基準の遵守を保証するため、九七年と九八年の夏に起きたような「大規模かつ組織的な人権の蹂躙」の再発の危険を未然に察知し、予防的な措置を取れる体制が造られた(18)。

3　ウレマ会議

和平交渉の進展

国連は新方針決定後、紛争の外的側面である内政干渉問題に集中していが、アフガン人当事者との対話が忘れられていたわけではない。九七年の末から九八年の春にかけて、紛争当事者の間で和平交渉に向けた建設的な動きが見られた。

国連は現地のUNSMAを通し、アフガン紛争当事者を和平交渉の場に連れ戻す努力を続けた。軍事的に劣勢な北部連合は、国連主催の交渉に無条件で応じる構えを示したが、タリバンは「堕落した」ムジャヒディンとの交渉は有り得ない、という頑な態度を堅持していた。しかし、このタリバンの否定的な姿勢は、九八年の初めに戦線の膠着が明白になると、揺らぎを見せ始めた。

タリバンは、北部同盟と直接話し合う通常の交渉に代わり、両者によって任命されたイスラム教神学者（ウレマ）の会議によって和平の在り方を決めるという、変則的な和平交渉を提案した。このタリバンの提案は、北部連合を代表するラバニによって同年一月に承認され、国連も全面的に後押しすることになった。提案によると、タリバンと北部連合が共同で何人かのウレマを任命し、このウレマの会議で新政権の構成など、和平の重要項目が決定されることになった。

交渉を実現するため、ブラヒミ代表は三月末に、オマール師に次ぐ実質ナンバー2のタリバン指導者であるムハマンド・ラバニ師を、カブールからイスラマバードに呼んだ。ラバニ師は国連代表に、「パキスタンの兄弟達」とタリバンがウレマによる和平を進めることに合意したと伝えた。そのうえでラバニ師は、北部連合と共同で、ウレマを任命するための準備委員会を開催することを提案した。ラバニ師はまた、ロシア、イランやウズベキスタンが北部連合を軍事的に支援していると国連に訴えた。しかし一方で彼は、自派への武器供与に関しては「タリバンは、ソ連軍が残していった大量の武器や弾薬を押収したので、継戦能力は十分あり、外部からの支援は必要無い」というほとんど説得力のない説明を繰り返した。

ブラヒミはラバニ師に対し、準備委員会に関する提案の支持を表明し、委員会の早期開催を求めた。周辺国の介入問題に関し、国連代表はラバニ師に「6プラス2」グループの役割を説明し、タリバンと北部連合の双方への武器供与阻止という、国連和平活動の真意を伝えた。

テロ問題に関しても、突っ込んだ話し合いが行われた。ブラヒミ代表はラバニ師に対し「タリバンが北アフリカ、南ヨーロッパ、コーカサス、中央アジア、東南アジアなど世界中のテロ組織を庇護し訓練施設まで提供している」という国際社会の非難に、真摯に耳を傾けるよう促した。そのうえでブラヒミは「如何なる国もアフガニスタンの内政に干渉する権利はない。しかし同様に、近隣諸国を含め国際社会は、テロの脅威に怯えることなく平和に暮らす権利がある」と諭し、タリバンにテロとの訣別を迫った。しかし、ラバニ師は「テロリストの訓練施設など存在しない」と言い張り、国際テロ組織支援の事実そのものを否定した。彼はさらに「われわれの目的は、真のイスラム国家の樹立を通し、アフガニスタンに平和をもたらすことにあり、その信条を他国に押し付けるつもりはない」と述べ、逆に国連が近隣諸国に対し「タリバンは噂されるようなテロ支援を行っておらず、何も心配することはない」と伝えるよう要請した。

ラバニ師の返答を、ブラヒミは不誠実と見た。彼は、従来の国連外交の慣習より一歩踏み出し、タリバンに対しあからさまな警告を発することを決断した。国連代表は交渉直後、ラバニ師を会議室の片隅に呼び寄せ「ビン・ラーディンは米国のみならず、エジプトやサウジアラビアなどイスラム諸国の間でも懸念の源になっている。遠からず彼の存在は、タリバン自身にとって深刻な問題となろう」と予告し、事態がこれ以上悪化する前に、タリバンが問題の重要性を直視して善後策を検討するよう求めた。思わぬ警告に接し、アフガン人としては大柄なラバニ師一瞬表情を強張らせたが、「オマール師など他の指導者と相談してみる」とだけ答え、会議場を後にした。米国は九八年の八月に、ケニアとタンザニアで同月に発生した米大使館爆破事件の主犯をビン・ラーディンと断定し、アフガニスタン南東部のテロ訓練施設数箇所を、数十発のトマホーク巡航ミサイルで報復攻撃する。実に、ラバニ師との会談の五カ月後のことであった。

ちなみに、国連とタリバンの交渉に、ビン・ラーディンを中心とする国際テロ活動の問題が重要議題として含まれるようになったのは、タリバンがカブールを制圧した九六年の夏以降のことである。これは、九五年と九六年にサウジアラビアで連続した米軍施設爆破事件にビン・ラーディンが率いるアル・カイダが関与していた疑いが強まり、米国など西欧諸国の間でテロ問題に対する懸念が増加したためだ。

西欧諸国に加えて、国内に反政府原理主義勢力を抱えるエジプト、アルジェリア、モロッコ、ヨルダンなどもこの時期、これらのテロ組織とタリバンの結び付きを真剣に憂慮し始めていた。アフガニスタン北部と国境を接するウズベキスタンやタジキスタン、そしてチェチェンなどコーカサス地域の分離・独立運動に悩むロシアも、これらのイスラム系反政府運動とタリバンの連帯に懸念を強めた。

国連総会では毎年末にアフガニスタンにおける国連和平活動の指針となる決議案を採択するが、この時期初めて、エジプトの主導で国際テロ組織の活動に懸念を現す条項が、決議文の中に追加された[19]。後のことであるが同様の理由で、フィリピン、マレーシア、インドネシアなどの東南アジア諸国も、ビン・ラーディンとアフガン紛争のつながりに重大な関心を示すようになる。

国連はこの後もタリバンに、加盟国の間で深まるテロ活動への懸念を伝え、テロ組織との関係断絶を迫った。しかし、タリバンとのテロ問題に関する交渉は、擦れ違い状態が続き、ほとんど何の進展も見られなかった。

米国の「パラシュート外交」

ウレマ会議開催への期待が高まる中、国連に強力な助っ人が現れた。米国が国連活動の支援のため、アフガニスタンにソ連軍の侵攻以来初めて、閣僚級の大物政治家を派遣することを決定したのだ。

クリントン政権が派遣したのは、政権内で閣僚級の扱いを受けるビル・リチャードソン国連大使であった。彼は当時、国連での職務を果たす傍ら、しばしば大統領直属の「紛争解決請負人（trouble shooter）」として活躍していた。リチャードソンが好んで用いた手法は「パラシュート外交」と一般に呼ばれた。この手法は、ほとんど事前の準備もなくアフリカなどで燃え盛る地域紛争の直中に短期間飛び込み、米国の強大な影響力を背景とした強引な手法を駆使し、和平のきっかけとなる停戦の合意や和平会議の開催など、限定的な外交目標の達成を目指すものであった。

リチャードソンは四月一七日に国連機でカブールに乗り込み、ラバニ師が率いるタリバンの代表団と交渉した。明らかにタリバンは、リチャードソンがクリントン大統領の信任の厚い閣僚の一人で、米政権内で強い影響力を持つことを事前に知らされており、寄せ集めの儀仗兵を会議場前に整列させるなど、一行を丁重にもてなした。

リチャードソンの論法は、実に単純明快で、外交の機微に慣れないタリバン指導者たちにも容易に理解された。彼は冒頭からいきなり「私はタリバンが欲していることを知っている。それは、国際的認知であり、国連での代表権だ」と切り出し、米高官との初交渉で身構えていたタリバンに本音の議論をぶつけ、彼らの度肝を抜いた。リチャードソンは間を置かず「もしタリバンが、(1)即時停戦、(2)国連とイスラム諸国会議機構(OIC)共催によるウレマ準備委員会の四月二七日までの開催、(3)国際人道援助継続のため必要な環境の回復、の三点にこの場で合意するなら、米国はタリバンの願望達成を支援する用意がある」とたたみかけ、動揺するタリバンの決断を迫った。[20] タリバンの願望と、譲歩し得るぎりぎりの条件を知り尽くした、絶妙の駆け引きであった。

リチャードソンはまた、タリバンに「6プラス2」で合意された和平の進め方に関する共同原則のパシュトゥー語訳を手渡し、米国の立場はパキスタンを含む「6プラス2」関係国の一致したものであると強調した。米国代表はタリバンとの交渉中も、交渉に参加していた国連の担当官に「停戦が成立した場合、国連はPKOを展開できるか?」、「人道援助再開の交渉はいつ始めるつもりか?」など、質問をノートの切れ端に書いて次々と送りつけ、国連との連携をタリバンの目の前で印象づけた。

ラバニ師は、しばし峻巡する様子を示したが、米国の要求を受け入れた。彼はまた、イスラマバードで開かれる準備委員会では、ウレマの構成のみならず、停戦の継続や捕虜の交換などの懸案に関しても、北部同盟と交渉することに合意した。ラバニ師はさらに、「タリバン支配地域で女性の教育の機会を拡大し、女医が働くことを認めよ」との、女性差別問題に関する米側の要求も承諾した。

リチャードソンは続いて、日本が「アフガニスタンの再建への協力に向けた意思を示すため」第二回目のウレマ準備委員会の会合を東京で開催することを希望しており、米国としてもこの提案に賛成であると述べた。(21) ラバニ師は「第二回目の委員会の開催地は、イスラマバードの第一回目の会議で話し合うべきだ」と答え、即答を避けた。

タリバンとの交渉が終わるや否や、リチャードソンは飛行機に飛び乗り、北部連合の指導者達が待つシェバルガンに向かった。北部の要衝であるシェバルガンでは、ラバニ大統領を筆頭に、ドスタムやカリム・ハリリなどの北部連合の指導者が、米代表団の一行を盛大に向かえた。

北部連合を代表してラバニは、停戦と準備委員会の開催に対し、全面的支持の姿勢を示した。彼はタリバンの和平への姿勢には懐疑的であったが、ウレマ準備委員会を国連とＯＩＣの共催の下に開くという提案を、タリバンが承諾したことを喜んだ。ラバニは、第二回目の準備委員会を東京で開催するという米国の提案を、即座に承諾した。

リチャードソンは、アフガン問題とは別に、クリントン民主党政権が、北部連合の背後に控えるイランとの関係改善を望んでいるという、大統領直々のメッセージを伝えることを忘れなかった。(22) 彼は

「米国はイランを地域の重要な国家であり、関係改善を望む」という内容の最近のクリントン大統領の声明を引用し、「米国とイランの間に立場の相違はいまだに残っているが、アフガニスタンの和平に関する限り、両国の政策は全く同一である」と述べ、アフガン和平へ向けた両国の協力を突破口に、二国間関係の改善を模索するという米政府の意向を明確に示した(23)。

リチャードソンはその日の内にイスラマバードに戻り、ウレマ準備会議開催に関する両紛争当事者の合意達成というニュースを、待ち受ける報道陣に伝えた。まさに、腕力にものをいわした「パラシュート外交」の面目躍如の瞬間であった。

ウレマ準備会議と印パの核実験

タリバンと北部連合は、合意された期限より一日早い四月二六日から、イスラマバードでウレマ準備委員会を開催した。しかし、交渉は開始早々から紛糾した。

議論の進展を阻んだのは、ウレマによる本会議の構成や、当時タリバンがハザラ少数派民族に対し行っていた、食糧封鎖の解除に関する問題であった。会議が滞ると見ると、イスラマバードに駐在する米国と日本の大使が直接、国連支援のため交渉の場に出向き、紛争当事者の協力を要請した。日米の大使の後押しのおかげで、交渉は一時軌道に戻るかの様子を見せた。ところが、再開された交渉は、ウレマの選考基準で進展があったものの、ハザラ族代表が食糧封鎖の即時解除という強硬姿勢を崩さず、議論は再び行き詰まり状態に陥った。

ウレマ準備委員会は結局、当事者間の立場の大きな違いを克服することができなかった。タリバンの代表団が五月初めに、指導部との協議という名目のため、根拠地であるカンダハールに引き上げたとき、交渉は事実上決裂した。

タリバンはその後五月一七日に、準備委員会に今後出席しない旨、国連に対して通告した。これは、世界を震撼させたインドの核実験からわずか数日後のことであった。このため、交渉決裂の遠因を、この核実験に求める意見も多い。米国を含む国際社会の注意が全て印パの核問題に注がれ、アフガニスタンでの和平交渉を継続するために必要とされた外交的圧力が消滅してしまったためだ。超大国の威を借りた「パラシュート外交」で押し開いた交渉への扉であったが、その超大国の関心が印パの核問題に移ってしまうと、和平の機運も雲散霧消した。

注

（1）「G－21」は以前から存在していたが、内戦への介入など政治問題を討議するため九七年に活性化された。

（2）「6プラス2」から排除された日本、ドイツ、英国とフランスのため、国連事務局は一時、第三のグループを作り「6プラス2」での交渉の内容を逐次報告した。しかし、この第三グループ自体が交渉に直接関わることはなく、長続きしなかった。

（3）「6プラス2」設立当時、パキスタンは連日、国連事務局に電話を入れ、インドの参加がないことを繰り返し「確認」した。

（4）事務総長報告書 A/52/682-S/1997/984. 九七年一一月一四日提出。

(5) アフガニスタンの代表権問題はこの後も燻り続けた。全加盟国が揃う国連総会への代表権は毎年、総会が始まる九月の前に各国政府が事務総長に提出した信任状に基づき、総会の下部機関である信任状委員会が受け入れるか否かの勧告を行い、この勧告に基づき総会が決定を下す。タリバンは、九七年五月にパキスタン、サウジアラビアとアラブ首長国連邦の三ケ国によって国家承認されたが、同年の秋以降、タリバンが任命した「国連代表」の信任状を毎年送り続けた。米国やロシアなど九カ国の代表で構成される信任状委員会は、ラバニ政権とタリバンから二つの信任状を同時に受け取ることになったが、代表権に関して判断を下さず、決定を先送りした。総会規則によると、信任状に関する決定が不在の場合、その時点で代表の座にあった政権が代表権を継続して行使することを認めており、この結果ラバニ政権は、総会に居すわり続けることができた。

(6) 国連の枠外で個別の「和平活動」をアフガニスタンで行なっていた国や組織は、パキスタンの他に、トルコ、トルクメニスタン、サウジアラビア、スイス、イスラム諸国会議機構(OIC)などがある。彼らのほとんどは「国連と協力して」、或いは「国連の和平活動を補完するため」、独自の活動を行ったと主張するが、実際のところ、ほとんど実質的な協力はなされなかった。これらの国や組織の一部は、それぞれの思惑から、当事者に過度の妥協や実現不可能な約束をしたり、場合によっては、当事者によって全く違う態度を示したあげく矛盾するメッセージを伝え、結果として国連活動の足を引っ張ることが多々あった。

(7) 英語の原文は "The United Nations, as a universally recognized intermediary, must continue to play a central and impartial role in international efforts towards a peaceful resolution of the Afghan conflict." となる。"central and impartial role" の前に定冠詞の "the" ではなく不定冠詞の "a" が置かれていることに注意。これにより、周辺国による独自の「和平活動」の継続が可能になった。

(8) 合意された共通原則は事務総長報告書 A/52/826–S/1998/222 に付録として添付された。九八年三月一七日提出。

(9) キルギスタンの当局は九〇年代の後半に、貨物列車に満載された、イランからアフガニスタンの反タリバン勢力へ向けたと見られる大量の武器・弾薬を摘発した。ちなみに、イランの北部連動に対する軍事援助は、連合の中からイランに友好的な勢力を選別して、個別に行う傾向が強かったといわれる。このためマスード司令官は、たびたび国連など外部からの訪問者に対し「イランの援助政策は北部連合の結束を弱めるものだ」と、愚痴をこぼした。

(10)　タリバンの戦闘機は九五年の八月に、アフガニスタン上空を湾岸地域からカブールに向け飛行中の、ロシア人搭乗員が操縦するイリューシン大型貨物機を、カンダハールに強制着陸させた。タリバンによると、この機はマスードの部隊への補給を目的とした、カラシュニコフ自動小銃用銃弾約百万発を運ぶ途中であったという。

(11)　国連総会決議 A/RES/51/195B. 九六年一二月一七日採択。

(12)　国連総会決議 A/RES/54/189A. 九九年一二月一七日採択。

(13)　マリクの造反の背景に、一年前に発生した実兄の暗殺があったと言われる。マリクは、ドスタムが暗殺を指示したと信じ、反感を募らせていた。また、暗殺への恨みに加え、アル・カイダを率いるビン・ラーディンから供与された多額の買収資金が動いた、との噂が当時から絶えない。

(14)　イスマエル・カーンはこの後、三年近くをカンダハールに在るタリバンの牢獄で過ごすことになる。彼は二〇〇〇年の春、内通者の協力により脱獄し、イランに逃れる。

(15)　DPI Press Release SG/SM/6399.

(16)　マザリ・シャリフがタリバンによって再制圧された九八年の夏以降、タリバンによるハザラ族の虐殺に関し多くの申し立てが、国連や人権擁護団体にもたらされた。最近のものは、二〇〇一年一月に中部のバーミアン県のヤコランで発生したとされ、一〇〇名余りのハザラ族住民が、タリバン部隊により虐殺されたという。タリバンの拒否や戦闘の継続のため現地調査はできなかったが、国連では同年暮れのタリバンの滅亡まで、この様な申し立てに関する難民など生き残った者達の証言を密かに収集しつつあった。

(17) 事務総長報告書 A/53/695-S/1998/1109. 一九九八年一一月二三日提出。タリバンは当初、カンダハールやマザリ・シャリフなど、民政官のタリバン支配地域への配備を承諾した。しかし後年、タリバンの圧政や人権侵害に対する国際社会の批判が強まると、タリバンはこれらの民生官を「国連のスパイ」と呼びだし、排除する傾向を見せ始めた。安保理が二〇〇〇年一二月に第二次の制裁をタリバンに課すると、タリバンは対抗措置として、カブール以外のタリバン支配地域に在るUNSMA事務所を強制的に閉鎖し、人権保護のための新たな試みである民政官制度は実質的に機能麻痺に陥った。

(18) 国際人道法とは一般に、一九四九年にジュネーブで採択された、戦争での傷病者や戦闘に加わらない住民の保護、捕虜の扱いなどを定めた四つの条約と、七七年に採択された追加議定書のことを指す。捕虜や非戦闘員の虐殺の禁止など、戦争中でも守らねばならない最低限の国際ルールを定めている。

(19) 国連総会決議 A/RES/51/195B. 九六年一二月一七日採択。

(20) 国連とタリバンの関係は、女性の差別的待遇問題など、タリバン支配地域での人道支援活動の進め方をめぐり、問題が続出していた。そんな中、九八年の三月に、カンダハール知事であったムハマンド・ハッサン師が、同地の国連の事務所に無断で入り込み、意見の食い違った人道援助の担当官を、平手打ちするという事件が起こった。この事件を機に、リチャードソン一行がアフガニスタン入りした当時、国連の人道支援活動は一時的に中断状態にあった。

(21) この頃、国連の場を中心に行われた、日本と米国のアフガン和平に向けた絶妙の連携プレーが伺われる。日本はこの後も、和平会議の東京開催を希望し続けたが、この高水準の連携を維持できず、結果につなぐことができなかった。ところで、リチャードソンとラバニ師の会談では和平交渉とは別に、タリバンが庇護するビン・ラーディンの問題も取り上げられた。本書第六章第2節の中の「米国とタリバン——交渉から対決へ」参照。

(22) 米国政府は七九年にテヘランで起きた外交官人質事件以来、イラン外交官との直接の公式折衝を禁じていたので、このような間接的な呼び掛けとなった。

(23)　米国はこの後も、アフガン和平の推進という大儀名文の下に、「6プラス2」を活用して、イランとの二国関係の改善を模索する。イランも、二〇〇一年九月の対米テロ危機以降、積極的に国連の枠組みを活用して米国への接近を計るようになった。例えば、国連の主導で二〇〇〇年の一二月から、ローマに亡命していたザヒル・シャー元国王などによるローヤ・ジルガ（国民大会議）開催を主眼とした和平案を後押しするため、米・独・伊・イランの四カ国で構成される「Geneva Initiative」と呼ばれる非公式協議がジュネーブで開催されるようになったが、イランはこの機会を米国との二国間協議の場として最大限に利用し出した。

第五章　国連アフガニスタン特別ミッション・後期（一九九八年夏―九九年）

介入国との対決も辞さないという新たな国連の和平方針は、九八年の秋にイランとタリバンの間で緊張が高まると、最初の大きな試練に直面した。国連は直ちに事務総長代表を現地に派遣して、イラン政府やタリバンの最高指導者オマール師と直接交渉を行ない、アフガン紛争の地域への拡大を未然に防ぐことに成功した。

国連外交の勝利を受けて翌年の七月には、タシュケントで「6プラス2」の閣僚レヴェル会議が開かれ、周辺諸国は史上初めて、アフガニスタンへの内政干渉を自粛する宣言に署名した。宣言はしかし、勝利を確信するタリバンや、国策の一貫としてタリバンを支援する周辺国に対し十分な効力を発揮せず、時をおかず本格的な戦闘が再燃した。

後期のUNSMA活動では、アフガン和平を阻む周辺諸国の思惑と、目先の国益追及のためにはなり振り構わぬ素顔が、赤裸々に照らし出された。

1　国連外交の勝利——オマール師との会見

イラン軍、タリバン「懲罰」のため集結

イスラマバードでの会議中、戦局は小康状態を保った。しかし、その間も紛争当事者に対する周辺国からの武器援助は絶えず、交渉が決裂し六月に入ると、両勢力の間で本格的な衝突が再燃した。

タリバンは、弾薬の補給や兵員の輸送などの兵站と、広域の戦場での機動力で北部連合を遥かに上回った。アル・カイダから供給される買収資金も潤沢で、タリバンは七月に入ると、ファルヤブ県など、ドスタム将軍が率いるウズベク人部隊と対峙する北西部の戦線で優位に立ち始めた。同月末には、ウズベク人指揮官の間で相次いだ寝返りを機に、タリバン部隊は怒涛の如く北部一帯に侵入した。

タリバンは、八月初めには北部の中央地帯まで侵攻し、マザリ・シャリフに再び迫る勢いを見せた。前年の過ちを繰り返さないため、タリバンはマザリ・シャリフの攻略に万全を期した。タリバンは本隊を西方から進めたが、同時にドスタムの意表を突いて支隊を輸送機でマザリ・シャリフ近くの空港に送り込み、ウズベク部隊を挟み撃ち状態にした。タリバンの機動力を駆使した進撃を前に、ウズベク部隊はたちまち潰乱状態に陥り、マザリ・シャリフは八月八日にあえなく陥落した。

タリバンはその後も進撃の勢いを弱めず、九月一五日にはハザラ族系イスラム統一党指導者カリ

ム・ハリリが守る、アフガニスタン中部の都市バーミアンを制圧した。これにより、タリバンはアフガニスタン全土の九〇％近くを掌握するに至った。この時点で、タリバンに対する組織的抵抗勢力は、バダクシャンやパンジシールなど同国北東部をかろうじて維持する、マスード司令官が率いるタジク族系部隊のみとなった。

タリバンの目覚ましい成功の理由として、パキスタンの軍部が作戦の立案、指揮や兵員の輸送などの兵站において直接タリバンを支援したことに加え、ビン・ラーディンが北部連合の指揮官の買収工作のためタリバンに巨額の資金を与えた、という噂が囁かれた。実際、多くの反タリバン勢力の現場の指揮官たちが戦火を交える前にタリバン側に寝返ったという。

タリバンの戦場での劇的な成功はしかし、紛争の解決を意味しなかった。アフガニスタン北部へのタリバンの侵攻は、ウズベク、ハザラ、タジクなど同地帯に居住する少数派部族と、歴史、文化、言語上の深い関係を持つ周辺諸国を、強く刺激した。タリバンがアフガニスタン北部の国境地帯に迫ると、周辺諸国は警戒心を強め、紛争は一挙に地域化する様相を見せ始めた。

反タリバン勢力を支援する周辺諸国の中でも、タリバンの北部への進軍にとりわけ神経を尖らせたのはイランであった。イランは予てより、シーア派ハザラ族が居住するアフガニスタンの中部はもとより、西部や北部のペルシャ語圏へのタリバンの浸透を、イランの既得権に対する挑戦と受け取り、反感を募らせていた。

イランのタリバンに対する反発は、八月にマザリ・シャリフ駐在のイラン人外交官八人とジャーナリスト一人が、タリバンの占領部隊によって殺害されると爆発した。(1) イラン政府は、公称二〇万人の通常部隊と七万人の革命防衛隊から成る大軍を、アフガニスタンとの国境地帯に集結させ、タリバンを「懲罰」する構えを見せたのだ。イランでは九月になると、ナパーム弾の投下訓練など、国境地帯に終結したイラン軍の示威行為が、連日のようにテレビで放映され、国民の間に反タリバン感情と戦争気分を煽った。

緊張緩和のため、事務総長代表を急派

紛争拡大の危機に際し、国際社会は機敏に対応した。アナン事務総長は対策検討のため九月二一日に、「6プラス2」関係国グループの会議を国連本部で緊急招集した。事態の重要性に鑑み、会議に参加する各国の代表は、史上初めて外務大臣のレヴェルにまで引き上げられた。

「6プラス2」関係国はまず、紛争の地域化を未然に防止するため、タリバンなど紛争当事者に対し、即時停戦と政治交渉の再開を要求した。(2) 関係国はさらに、ブラヒミ代表を現地に急派して、（1）一触即発状態にあるイランとタリバンの間の緊張を緩和し、（2）ハザラなど少数民族のタリバンによる虐待を防止する、という事務総長の提案を全会一致で支持した。

「6プラス2」の決定を受け、ブラヒミ代表は一〇月初めに現地へ向け出発した。彼はまずテヘランを訪問し、ハタミ大統領をはじめ、カラジ外務大臣やシャムクハニ国防大臣などの指導者と個別に会談し、イラン側の事情とタリバンに対する要求を確認した。

イラン指導部は、国連代表の一行を歓迎した。彼らは会談の冒頭から、今回の事件は「国家の名誉と尊厳に直結する問題」であり、必要であれば武力介入も辞さないと、国連代表に対し明言した。ハタミ大統領自身「イランは地域の大国であり、独立と主権の維持のため戦うことを辞さない。わが国の軍が、アフガニスタンの血に飢えた党派（タリバン）を懲罰するのはたやすいことだ」と言ってのけ、国連による仲介が失敗した場合、軍事的措置を取る決意を明らかにした。国防大臣も「タリバンは国際法に違反し、非人道的な犯罪を犯した」と強く非難したうえで、タリバンの懲罰を求める国民の期待を裏切らないためにも、イランは「（タリバン攻撃を目的とした短期の軍事介入という）外科手術を実施する用意がある」と言明した。

実際のところ、イランが国境地帯に展開した部隊は、公称の数より少なめであったが、僅か数万の兵力と、ゲリラ部隊に毛の生えた程度の装備しか持たないタリバンを圧倒するには、十分であった。イランとタリバンの根拠地であるカンダハールの間は、砂漠など平坦な大地が広がるだけで、地域の軍隊としては近代的な装備を揃えたイランの機甲師団が、圧倒的に優勢な空軍力に守られて侵攻した場合、勝敗は数日の内に決すると目された。国連では、加盟国から提供された国境地帯の衛星写真も検証したが、イランの威嚇がこけ威しでないことは明白であった。

イラン政府はしかし、「懲罰」への決意を語る一方で、タリバンが一定の条件を数日の期限内に受け入れた場合、国連の調停に応じる意向を示した。ハタミ大統領は「現時点で、戦争はイランにとって第一の選択肢ではない」と語り、国連の仲介に、問題の平和的解決への一縷の希望をつないでいることを示唆した。

イランの条件は明解であった。緊張緩和の条件としてイラン政府は、（1）イラン人外交官殺害事件の徹底調査と犯人の逮捕、（2）同事件に対するタリバンの公式謝罪、（3）マザリ・シャリフなど北部一帯でタリバンにより逮捕されたイラン民間人全員の即時釈放、などを提示した。イラン指導部はさらに、もしタリバンがこれら全ての条件を呑んだ場合、国境地帯に集結したイラン軍の一部撤退と、事件以降中断されていたイランとタリバンの間の外交折衝の再開の可能性を、国連に対し内々に伝えた。

ブラヒミ代表はイランとの折衝の後、パキスタンのイスラマバードに飛び、タリバンとの交渉の準備を始めた。交渉は当初、イスラマバードでオマール師以外のタリバン指導者と行われる予定であった。これは、同年の八月にカブールで起こった国連要員殺害事件の余波により、国連側が安全上の考慮から、要員のアフガニスタンへの立ち入りを控えていたためだ(3)。

ところが、ブラヒミ代表のイスラマバード到着直前、オマール師自身から、国連一行のカンダハール訪問を促す招待状が届いた。国連は、タリバンの最高指導者との直接交渉を条件に、招待を受け入れた。

初対面は墓の中——オマール師との出会い

オマール師との初対面は、意外な場所で実現した。

ブラヒミ代表以下の国連使節は、一〇月一四日の朝にイスラマバードから国連機でカンダハールに乗り込んだ。空港では、カンダハール知事であるムハマンド・ハッサン師など、タリバンの主だった指導者達が、イスラム諸国会議機構（ＯＩＣ）の代表を含む十余名の一行を出迎えた。

空港からの移動の際、白い制服で正装し、オートバイに乗った四名の警官の先導が付くなど、タリバンは国連からの訪問者に対し、いつにない歓迎の姿勢を示した。ところが、国連一行は空港から直接カンダハール市街に向かわず、説明のないまま、タリバンの先導によって郊外の砂漠地帯に誘導された。砂塵が舞う乾き切った砂漠の真ん中で車から降りると、そこは新たに設けられた集団墓地であった。

この墓地は「この一年の間にアフガニスタン北部に攻め込み、そこで戦死したり、捕虜になった後虐殺された兵士たちのものだ」と、到着後にタリバン側から説明がなされた。墓の数は、ざっと見渡しただけで数百を超える。墓地の入り口には、白い布が敷かれ、マザリ・シャリフから空輸されたばかりの布にくるまれたタリバン兵士の亡骸数体と、敗走した反タリバン勢力が残したという、カラシュニコフ自動小銃やロケット弾などの武器が、訪問者の目にとまるように展示されていた。タリバンによると、押収された武器や弾薬は、近隣諸国から反タリバン勢力へ供与されたもので、その内真新しい物には、ペルシャ語による取扱い説明書が添付されていた。

墓地の回りをタリバンの説明を受けながら歩いていると突然、オマール師から国連代表宛てのメッセージが飛び込んだ。メッセージはタリバン代表が持っていた携帯無線機を通して為されたものだが、国連一行の訪問を歓迎するとの内容であった。見渡す限り砂漠で、小型無線機の受信範囲内に何の建物も見えない。不審に思った国連の一員が尋ねると、意外にもオマール師自身が墓地の入り口まで出向いて、駐車した車の中からメッセージを送っているとのことであった。なるほど、その方向を見ると、空港では見かけなかった、窓をカーテンで覆われたトヨタのランドクルザーが一台止まっている。車外に出ないのは「彼が宗教上の理由から、カメラの被写体となることを極端に嫌っており、国連代表に同行してきたカメラマンを避けるためだ」との説明が、遅ればせながらタリバン側からあった。

オマール師は、その後数分おきに携帯無線機を通して、国連代表の様子を同行のタリバン幹部に聞いたりするなど、彼自身が訪問者の動向に随分と気を使っている様子を伺わせた。奇妙ではあるが、これがタリバン最高指導者と国連派遣団との「交渉」の始まりであった。国連の一行の中には、常軌を逸したオマール師の現れ方に驚くだけでなく、交渉の行く末そのものに、懸念を抱く者すら出てきた。

オマール師との交渉の開始

オマール師と国連一行との直接対面はその後、カンダハール市内の旧知事公邸に場所を移して実現した。オマール師はそれまで、欧米の外交官やジャーナリストなど、非イスラム教徒との接触を一切拒絶し、彼自身の映像もイスラムの教義に反するとの理由で存在しないため、謎に包まれた存在であったが、これが最初の国際社会との接触となった。

国連の一行は、公邸の会議室に招き入れられ、柘榴など南部アフガニスタン産の果物を、茶と共にふるまわれた。程無くして、アフガン人にしては長身の男に率いられたタリバンの代表団が、給仕に混じって会議室の裏口から姿を現した。痩身に黒のターバンと茶のアフガン衣装をまとったその男は、静かに国連一行に近寄り、遠く地球の裏側からきた客人の一人一人に、そっと手を差し延べた。男の登場があまりに控えめだったためか、彼が「イスラム教信者の指導者（Ameer-ul-Momineen）」と崇められ、アフガニスタンの大半を掌握する原理主義運動の最高指導者であると皆が気づくのには、しばしの時間が必要であった。彫りの深い目鼻立ち以外何の特徴もないが、ジハード時代に失ったというオマール師の右目は塞がれたままであった。その物静かな振る舞いからはとても、西隣の大国イランとの間で高まりつつある軍事的緊張を読み取ることはできなかった。

国連とタリバンの代表の紹介は、立ったままで行われた。交渉が行われた公邸の会議室は、古びた長方形の奥の深い造りで、内部に椅子や机などの家具は置かれておらず、紹介と握手が一通り終わると、双方とも壁を背に向かい合ったまま、床に敷かれたアフガン絨毯の上に直接座った。オマール師は、彼の腹心であるワキル・アフマッド・ムタワキル師やハッサン知事など、十数人で構成されるタリバン指導部の列の中心に座り、事務総長代表に率いられた国連一行と対峙した。

オマール師は、三時間半に及んだ交渉の間中、抑揚のない低い声で、一語一語を噛み締めるように喋り、物静かな姿勢を終始崩さなかった。交渉中ほとんど、彼は視線を両足の膝や前に置かれた果物の皿に落としたままで、決して正面から交渉相手を見据えることはなかった。その仕種はときに、彼が自らの世界に深く身を沈め、その世界を理解し得ない者たちとの交流を頑なに拒絶しているかの不安を、国連一行に与えた。交渉中は、タリバンの代表団の中で唯一オマール師のみが発言し、重要な決定の際も他の高官の意見を求めることはなく、名実共に彼が同運動の最高指導者であることを遺憾なく示した。

冒頭で国連側はタリバンに対し、（1）ハザラ族の虐殺など、組織的な人権侵害の防止、（2）イランとの緊張緩和、の二点が今回の交渉の最重要課題であることを告げた。国連側はまた、アフガン内戦の解決を目指した停戦や和平交渉の再開問題についても、オマール師と忌憚のない意見を交わすつもりである旨伝えた。

人権とテロ問題

第一の課題である人権問題に関する交渉は、大きな障害に遭うことなく進んだ。国連はタリバンに対し、過去の虐殺事件の究明のため、国際調査団を受け入れるよう求めた。対象となるのは、九七年の夏にマザリ・シャリフで発生したタリバン捕虜の虐殺事件や、九八年の夏に起こった、タリバンの報復と見られるハザラ族住民殺害事件であった。

オマール師は当初、タリバンによる人権侵害の事実を強く否定した。しかし、「無実を証明するには、公正で中立の国際調査を受け入れるのが最良の選択だ」という国連側の説得をすんなりと受け入れ、過去の大規模な人権侵害容疑の国際調査に協力することを約束した。彼はまた「ハザラなどの少数派部族の虐殺の再発を防止するため、何らかの手段を講じるべきだ」との国連の主張に原則的に賛成し、人権監視のための民政官の展開など、具体的措置を国連と協議することを約束した。

人権問題との関連で、国連は続いて、麻薬とテロに関する問題を取り上げた。麻薬に関し国連は、阿片の原料となるケシの栽培の禁止と引き替えに、代替の農作物の栽培を奨励するための国際援助を申し入れた。国連は、アフガニスタン産の阿片の生産高が既にミャンマーなど「黄金の三角地帯」を上回っており、欧州を中心に流通が急増している現状を説明した。その上で国連は、国際社会の批判をかわすためにも、タリバンが麻薬撲滅に向けて毅然とした姿勢を示す必要性を説いた。(4)

オマール師は、アフガニスタン産の阿片の急増に対する国際社会の懸念には一定の理解を示したが、タリバンが麻薬の密貿易から巨利を得ているとの噂は否定した。彼はまた「貧しいアフガン農民に(ケシ栽培以外の)選択の余地はない」と断じ、直ちにケシ栽培を禁止するつもりのないことを示唆した。(5)

テロ問題に関し、国連はタリバンに、国際社会の深刻な懸念を伝えた。しかし、この問題では両者の主張が噛み合わず、進展は全く見られなかった。

ブラヒミ代表は「タリバン自身がテロ活動をしていると責める者はいない。問題は、ウサマ・ビン・ラーディンなど、タリバンの客人と称される者達だ」と述べ、これら「客人」の行状に関する加盟国の懸念を伝えた。オマール師は、テロ活動の阻止が国際社会にとってもアフガニスタンにとっても重要であることを認めたが、タリバンがテロリスト訓練施設を国内に設け、アラブなどの国際テロ組織を支援しているとの訴えは強く否定した。対ソ連・ジハード（聖戦）以来の同志であるビン・ラーディンについて、オマール師は「自分自身のみならず、アフガン国民全体の客である」と言い切り、国外追放する気が全くないことを明言した。

これに対し国連代表は、軍や民間人の区別を問わず米国人を殺害すべきだというビン・ラーディンの最近のTVインタビューの内容を例にあげ、「客人というが、ビン・ラーディン達のやっていることは、招待された家の庭先から隣家へ石を投げ込んでいるようなもので、とても客人の行いとはいえない」と食い下がった。オマール師はしかし「ビン・ラーディンは既にインタビューでの過激な発言に関しタリバンに謝罪している」と明かしたうえで、「彼が実際にテロ活動に加わっている証拠はない」との従来の主張を繰り返した。彼はさらに、仮に十分な証拠が提示されたとしても、「ビン・ラーディンはイスラム法シャリアの下に裁かれるであろう」と述べ、米国の求めに応じて「客人」を西欧の法に委ねるつもりのないことを明確にした。

緊張緩和のための妥協成立

第二の課題であるイランとの緊張緩和は、最も急を要する問題であったが、交渉は難航を極めた。これは、タリバンがイランの提示した条件の内、外交官殺害事件に対する公式謝罪と、イラン人人質全員の釈放の二点に、強い難色を示したからだ。

オマール師は、イラン人外交官がタリバン部隊によって殺害された事実を認めたものの、イランに対する謝罪の表明を頑なに拒否した。拒否の理由として彼は、殺害がタリバン指導部の指揮に従わぬ一部の跳ね上がりによって為され、犯人の特定すら行われていない事情を挙げた。オマール師はまた、イランの北部同盟に対する支援を内政干渉として強く非難し、イラン自身が殺害事件に関して責任の一端を負うとの見方を仄めかした。

国連側は「人命が失われたことに対し、遺憾の意を表明したり、遺族に同情をよせることは、罪自体を認めることを必ずしも意味しない」と諭し、オマール師を説得した。ブラヒミはさらに「自国の外交官が同様の状況下で殺傷された場合、如何なる政府でもまず謝罪を要求するものだ」と付け加え、イランの内政干渉の問題と謝罪の問題は、全く別の次元で対処されるべきことだと説明し、オマール師の翻意を促した。しかし、オマール師は国連の説得に動じる気配を見せず、謝罪の必要性を認めようとはしなかった。この問題は結局、殺害事件に対する遺憾の意を、国連代表がタリバンに代わって「間接的に表明する」という次善の策を、オマール師が呑むことで片がついた。

人質問題に関し、国連側はタリバンによって拘束されているイラン人二六名全員の即時釈放を強く要求した。これは、「人質の解放こそが、イランとタリバンとの衝突回避の鍵となる」との判断によるものであった。したがって、この問題に妥協の余地はほとんど無く、国連は何度も、「人質の一部解放」しか認めないタリバン案を突き返した。

オマール師は、最後までイランに対する不信をあらわに、「人質は一部のみ解放し、残りは北部同盟により拘束されているタリバン兵士の釈放と引き替えにする」という立場にこだわった。これに対し国連側は「今回の交渉は捕虜の交換が目的ではない。人質の全員解放なしに、イランとの緊張緩和は不可能だ」と繰り返し説明し、間近に迫った危機を回避するため、オマール師の決断を迫った。

人質問題に関する交渉は数十分に及んだ。ブラヒミ代表は、何度も押し問答を繰り返したあげく、イラン軍による侵攻はもはや時間の問題であり、人質をめぐりイランと条件闘争をする余裕がないことを、ようやくオマール師に理解させた。オマール師は「交渉終了後直ぐに、国連が拘束されているタリバン兵士の釈放に尽力する旨報道機関に公式に表明する」ことを条件に、国連側の説得を受け入れ、イラン人人質全員の即時解放を承諾した。紛争の地域化と、タリバンの壊滅が、回避された瞬間であった。

オマール師の理想

最後に、最も本質的な問題である停戦と和平交渉の再開について意見が交わされた。話がアフガニスタンの将来に移ると、オマール師はそれまでの抑制された対応とは打って変わり、感情を込めて彼自身の思いを余すことなく語った。

ブラヒミは「戦場での勝利は必ずしも平和の到来を意味しない」との主張を繰り返し、タリバンに武力による問題解決を諦め、和平交渉の場に戻るよう促した。国連代表はさらに「平和は、アフガニスタンの全ての部族、宗派や地域の利害を反映する健全な政治制度が樹立されたときのみ可能となる」と訴え、少数派部族の代表を加えた国民和解政権の樹立の必要性を強調した。

オマール師は国連の主張を聞きおいた後、タリバンの考えを滔々と説明した。彼の目はもはや床に向けられてはおらず、正面の交渉相手をしっかりと見据えていた。

オマール師はまず、自らが興した運動の沿革を簡単に説明し、絶え間なく続く戦乱と無法状態に疲れたアフガン国民の間で、タリバンが広く支持されていると自賛した。支配地での統治のあり方に関し、極端な女性の差別的待遇など、タリバンの政策に対して高まる国際批判を意識してか、オマール師は国連代表の前で「タリバンによる統治は完全でない」と述べ、自らの欠陥を認めた。しかし彼は「それ（欠陥）は戦闘状態の継続による混乱と、われわれの行政経験の欠如によるものだ」と弁明し、極端なイスラム法シャリアの解釈とその厳格な執行など、苛烈なタリバン支配の弁護を試みた。オマール師はさらに「アフガン国民とイスラムを切り離すことはできない」と言明し、国際批判を浴びるタリバンの統治政策が宗教的信念に基づくものであることを強調した。

オマール師の説明は、国連一行を納得させなかった。相手の説得に失敗した気配を悟ると、オマール師は一呼吸おいて「われわれが（批判されている様々な行為を続けることにより）思いを遂げようとすると、他の人々（国際社会）と問題が生じる。しかし、もしそのために理想を捨ててしまうと、今度はわれわれ自身の間で問題が起こる」と呟き、宗教的情熱と国際批判の狭間で揺れる真情を滲ませた。

オマール師はタリバンとアフガニスタンの将来に関し、楽観的な見方を示した。彼は、タリバンは「イスラム教の復興と真のイスラム国家の樹立を目指した運動」にすぎず、全国制覇の暁には「タリバンを解散して、マドラッサに戻り再び神に仕えるつもりだ」という、良く知られた自説を繰り返した。タリバン解散の後、政権は「イスラム法に則って政府を運営する能力のある者達」に引き渡されるという。

オマール師はしかし、国連が求めた停戦に懐疑的な態度を示した。彼は、タリバンが戦闘を続けるのは「真のイスラム国家を樹立するというアッラーの意思の達成のために他ならない」と説明し、この天意の達成まで、停戦の必要を認めないようであった。オマール師はそして、タリバンがムジャヒディンを打ち負かした後、その支配地域で武装解除を断行し、秩序と安全の回復に成功した功績を、誇らしげに語った。これは、オマール師によると、過去二〇年にわたる紛争の期間を通し、ムジャヒディンはおろか、国際社会でさえも成し得なかった偉業だ(6)。

オマール師はまた、ムジャヒディンとの政治的妥協を通し、反タリバン勢力との間で連立政権を設立するという国連提案を、真っ向から拒絶した。彼はまず、九二年のナジブラ政権崩壊以降ひたすら権力抗争に没頭し、アフガニスタンを混乱と無秩序の渦の中に突き落としたムジャヒディン各派の責任を糾弾し、これらの「腐敗した」勢力と、イスラムの復活に命を捧げるタリバンとの違いを強調した。オマール師はさらに「タリバンの敵は（法と秩序を乱すことにより）内戦を長引かせようとする者である」と言明し、ムジャヒディンとの対決姿勢を鮮明にした。そのうえで彼は「どうしてこの様な者達（ムジャヒディン各派の指導者）を将来の政権に加えることができようか」と語り、反タリバン勢力との妥協の余地がほとんどないことを示唆した。

オマール師は、ザヒル・シャー元国王を支援するグループなど、国外に逃れて政治活動を続ける穏健派勢力の、将来の政権への参加の可能性にも疑問を呈した。これは彼によると、元官僚や知識人の多くを含む亡命アフガン人が「内戦の苦しみを経験していない」ために他ならない。オマール師は最後に、タジクやハザラなどの少数派部族出身者が県知事などの要職に登用されている事実を挙げ、タリバン自体が既に民族間のバランスの取れた政権になっていると仄めかし、国連が求める国民和解政府樹立の必要性そのものを暗に否定した。(7)

国連予防外交の勝利

交渉が終わると、国連一行は日没までに離陸するため空港に急ぎ、同日の午後8時には夕闇に包まれたイスラマバードに降り立った。到着後直ちに、空港待合室で待ち受ける記者団との間で会見が行われた。ブラヒミ代表はオマール師との会見が有意義であり、これにより「イランとの紛争を防止するという共通の目的達成のため、確かな一歩が踏み出された」と、高らかに宣言した。

国連は数日後、国際赤十字と協力のうえ、イラン人人質全員をカンダハールでタリバンから引取り、国連機で無事テヘランに送り届けた。テヘラン空港では、政府幹部による出迎えが無いなど、イランの人質解放に対する対応は、実に素っ気ないものであった。(8)しかし、人質解放前までイランで見られた、反タリバンの過激な言動は完全に影を潜め、恐れられた武力衝突の危機が回避されたことは、明白であった。

オマール師との初交渉は、イランとタリバンの衝突を未然に防止し、アフガン紛争の地域への拡大を回避する、という意味で大きな成果を生み出した。国連による予防外交の勝利といえよう。

オマール師との交渉はさらに、国際社会がタリバンの最高指導者と直に意見を交わし、互いの理解を深めるという副産物をもたらした。とりわけ重要であったのは、オマール師がその神がかりの「聖者」としての顔の他に、イランとの対決のような非常時でも、必要に応じて独自の決断や政治的妥協ができる「実務家」としての能力を十分に示したことであった。

しかし、オマール師と国連の実りある会話は、これが最初で最後となった。オマール師はこの後、北部連合との戦線の膠着や、テロ問題を巡る国際社会の批判の高まりに直面し、次第に非理性的な行動を取るようになる。タリバン運動の存続のためには、国際社会に敢えて手を差し延べ、妥協することさえ厭わなかった九八年当時のオマール師であったが、その「実務家」としての側面は徐々に影を潜めた。

オマール師の視線はいつしか、アフガニスタンの現実から遊離し、国境を超えたイスラム革命の幻想を追い求めた。オマール師の、実体のない「聖者」としての側面が、タリバンの滅亡に向け一人歩きを始めた。

2　タシュケント宣言

タシュケントへの道

国連はイランとタリバンの衝突の回避に成功した後、九八年の暮れから九九年の夏にかけてアフガン紛争の外的側面の解決を目指す活動に集中した。活動の中心である「6プラス2」では、閣僚レヴェルの関係国会議を近隣国で九九年の夏に開催し、軍事介入の即時中止を求める政治宣言を採択することが決まった。

閣僚レヴェル会議の開催候補地として、ウズベキスタンが名乗りを上げた。「6プラス2」はこれを直ちに承認し、会議のタシュケントでの開催が決定した。政治宣言は、先に合意された和平の共通原則を下敷きとし、内政干渉の禁止に向けたより踏み込んだ条項を含むことが決まった。

ところが、「6プラス2」関係国は例によって、紛争の政治的解決の重要性や干渉の禁止など、原則論では直ぐ合意に達したが、個々の条項など、政治宣言の細部の議論に入ると、たちまち不一致をさらけ出した。

北部同盟を支援するイランとロシアは、共通原則のみならず、九八年の暮れに採択された反タリバン色の濃い安保理決議も、宣言の中に反映させるべきだと主張した。(9) この決議は、紛争当事者の中でタリバンだけを「攻撃を仕掛ける側」として初めて名指しで非難し、即時停戦と国連和平活動への協力を要求していた。決議はさらに、タリバン指導部がそれまで、安保理の同様の要求に答えなかった事実を嘆き、もしこれ以上不協力が続く場合、安保理は「関連決議の完全実施のため、（タリバンに対し）必要な措置を取る用意がある」と警告していた(10)。パキスタンが、特定の安保理決議への言及に難色を示したことは言うまでもない(11)。

一方パキスタンは、宣言は「アフガン当事者を交渉の場に引き戻すことのみに集中したもの」で、和平の最終形態を押し付けるべきではないと主張した。主張の背景には「和平の内容は、『6プラス2』など外部の干渉を受けずアフガン人同士で決定すべきであり、戦場でのタリバン絶対有利という〝現実〟を反映したものでなくてはならない」という本音が見え隠れした。

これには、ウズベキスタンとロシアが猛烈に反発した。ウズベキスタンは、閣僚レヴェル会議の目的は「アフガン紛争の解決が、アフガン人にとってのみでなく、近隣諸国にとっても重要な問題であること」を明瞭に示すことであるとし、もはや周辺諸国の協力なしに紛争の解決が有り得ないと反論した。ロシアも「宣言は、安保理決議に沿った、将来の紛争解決の形を示すものでなければならない」と主張し、パキスタンと真っ向から対立した。ロシアはさらに「北部連合がパキスタンのいう〝現実〟を受け入れ、タリバンの軍門に下るということは、後者の人権政策や麻薬の密貿易を認めることを意味し、とても受け入れられない」と明言し、タリバンによるアフガニスタンの制覇を、何としても認めない姿勢を明らかにした。

米国は「もし今回の政治宣言が何の効果も無いことがはっきりすれば、安保理が『6プラス2』に代わり、アフガン問題の対処にあたるだろう」と警告し、タシュケントでの会議が、安保理によるタリバン制裁決議を回避するための最後のチャンスであると宣言した。中国は、この米国の発言に沈黙で答え、仮にタリバン制裁決議が安保理に上程されても、拒否権を行使しないことを暗に示した。

パキスタンは、アフガニスタンへの武器の流入を防ぐため、国連憲章第七章を発動した包括的武器禁輸に関する提案を蒸し返した。これに対しイランは「如何なる武器禁輸も、全ての国境地帯を効果的に網羅できるものでなければ何の価値もない」と反論し、形だけの禁輸より、内政干渉を止めるための周辺国自身の政治的意思の重要性を強調した。

北部連合とタリバンの代表をタシュケント会議に招待するか否かでも、激しい議論があった。パキスタンとトルクメニスタンは、タリバンの参加を会議開催の条件とすべきだと主張した。しかし米国とロシアは、タリバンが参加の条件として「アフガニスタンを代表する『政府』としての招待」を要求していることに言及し、そのような条件を呑むことはできないと突っぱねた。この問題の解決は結局、タリバンを一当事者として招待するという、中国が提案した妥協案に落ち着いた。

「政府」として招待されないと分かると、タリバンは最後までタシュケント会議への参加を渋った。タリバンの抵抗を克服するため、ブラヒミ代表は会議直前の七月一七日にイスラマバードに立ち寄り、パキスタンの協力を求めた。ブラヒミはサルタジ・アジズ外務大臣と会談して「タリバンの要求は子供じみている。会議にタリバンが不参加しなかった場合、国際社会はそれを和平の拒絶と受け取り、タリバンにとって大きな痛手となるであろう」と訴え、パキスタン政府がタリバンを直に説得するよう要請した。

効果はてきめんであった。国連代表との会談からわずか四五分後、アジズ外相は空港へ向かう途中のブラヒミの車に電話を入れた。外相は国連に対し、彼が電話でオマール師を直接説得した結果、タリバン最高指導者の翻意に成功し、タリバン代表団が急遽タシュケントに向かうことになったと伝えた。

宣言の採択

「6プラス2」の閣僚レヴェル会議は、九九年七月一九日にウズベキスタンの首都タシュケントで行われた。会議には、外務次官級の高官が米国、ロシア、中国、イラン、パキスタン、タジキスタンから参加した。主催国であるウズベキスタンは、カリモフ大統領自身がカミロフ外務大臣と共に出席し、会議の成功への意気込みを示した。北部連合とタリバンも、それぞれ代表団を送り込んだ。

政治宣言は、トルクメニスタン以外の七カ国の署名により採択された。[12] 宣言では史上初めて、周辺国がアフガン紛争当事者に対する武器や弾薬の供与を止め、同様の目的のために自らの領土を第三者に使用させないことが明記された。アナン事務総長もニューヨークからメッセージを送り、「6プラス2」関係国が「宣言を具体的な行動によって裏付ける」よう訴えた。

会議の合間に国連は、タリバンと北部連合の双方の代表による直接交渉のお膳立てを調えた。直接交渉は二時間余り続いたが、北部連合は即時停戦と、国連主催の和平交渉の再開を申し入れた。タリバン代表はしかし、「（停戦に応じるために）十分な権限を与えられていない」と述べる一方、「平和は、北部連合がタリバンを（政府として）受け入れることにより達成される」と宣言し、事実上の降伏勧告を行った。

宣言の採択にもかかわらず、会議を通し、関係国の足並みは不揃いのままであった。米国とロシアは「タリバンが大規模な夏期攻勢を準備している」と訴え、紛争を軍事的手段で解決するというタリバンの真意が、全く変わっていないと非難した。反面、パキスタンは「和平を外から押し付けるべきではない」との主張を繰り返すだけで、真近に迫ったと見られるタリバンの夏期攻勢には、一言も触れなかった。(13)

タリバンと周辺国に対する最後の説得

会議終了後にブラヒミはタリバンに対し、宣言の説明と、戦闘回避のための説得を行うため、最高指導者オマール師との会談をカンダハールで実現するよう申し入れた。しかしタリバンは、オマール師との直接交渉を受け入れず、代わってナンバー2の実力者であるラバニ師との会談を提案し、ブラヒミをカブールに招待した。

ブラヒミは七月二二日にタシュケントからカブールに飛び、ラバニ師と会談した。国連代表はラバニ師に、タシュケント宣言の内容を詳しく説明し、噂される夏期攻勢の準備を直ちに中止し、停戦と政治交渉の再開に応じるよう強く求めた。ブラヒミは「もしタシュケント宣言の直後に攻撃に踏み切った場合、タリバンは国際社会の轟々たる非難を招き、国連の和平活動の存続をも危うくするであろう」と警告し、タリバンの軽挙盲動を諌めた。そのうえで彼は「戦闘の再開は、何の罪もないアフガン国民に、再び堪え難い苦しみを与えるであろう」とタリバンの心情に訴え、関係国の間で和平への関心が高まった今こそ、和平への絶好の機会であると諭した。

ラバニ師はしかし「攻勢の準備などしていない」と噂を一蹴したうえで、マスードが率いる北部連合への不信をあらわに、交渉再開の可能性に懐疑的な態度を示した。

ラバニ師の気のない返答にもかかわらず、これを和平の最後の機会と見る国連代表は、タリバンに執拗に食い下がった。ブラヒミは「多民族国家であるアフガニスタンの紛争に、軍事的解決は有り得ない。平和は、民族間の和解と、利害を共有する周辺国との協調によってのみ達成される」という従来からの主張を、今一度懇切丁寧に説明した。そのうえで彼は「戦場での勝敗は時の運次第だ。今日の勝者が、明日も勝者のままでいられるという保証はない。歴史は、目先の優劣に心を奪われたため和平の機を逸し、滅び去ったつわもの達の悲話で満ちている。タリバンは軍事的優位に立つ今こそ、反対勢力との政治的妥協の道を探るべきだ」と、ラバニ師に切々と語りかけ、情理を尽くしてタリバンの翻意を促した。(14) ラバニ師はしかし、停戦と和平交渉の再開に関し、最後まで明解な解答を避けた。

テロ問題に関しても忌憚のない意見が交わされた。ブラヒミ代表はラバニ師に「事態は深刻化しており、いつまでもビン・ラーディンの容疑を否定するだけでは十分な対応とはいえない。（国際テロという）問題の本質を直視し、米国と直ぐにでも現状打開に向けた交渉を始めるべきだ」と忠告し、もし必要であれば国連が米国との仲介役をかってでてもよいと伝えた。ところがラバニ師は「何故米国はこうも、武器も兵員も持たないこの人物を恐れるのか」と首を傾げ、米国がビン・ラーディンに固執する事情に理解を示そうとはしなかった。彼はまた、米国が単独でタリバンに課した資産凍結などの制裁を強く非難した上で、「われわれは米国の圧力に屈しない。如何なる形であっても、ビン・ラーディンの国外追放には応じられない」と言明し、頑迷な姿勢を崩さなかった。

タリバンとの交渉の直後、ブラヒミ代表はイスラマバードに飛んだ。

国連代表は到着後間を置かず、シャリフ首相をはじめとする指導者と次々と精力的に会見し、パキスタンがタリバンに対し、夏期攻勢回避のための圧力をかけるよう要請した。(15) ブラヒミとの会談で、パキスタン外務省の高官は「戦闘再開の回避を目指し全力を尽くしている」と明言し、国連への協力を約束した。

ブラヒミの交渉相手は、文官に留まらなかった。国連代表は、軍の統合情報局（ISI）の長官とも初めて会い、戦闘回避のための協力を要請した。ISI長官はブラヒミに「あなた（ブラヒミ）のカブールでの説得は、タリバンに良い影響を与えたようだ。タリバンは、戦闘の準備をしているものの、本格的な攻撃を仕掛けることはないだろう」と語り、和平の可能性に微かな希望を抱かせた。

3　和平の失速と拡大する周辺国の介入

戦闘の再燃

破局は、突然やって来た。タリバンが七月二八日の未明、カブールの北で本格的な攻撃を開始したのだ。攻撃は大規模で広範囲に及び、それが偶発的な衝突ではなく、綿密に計画された軍事作戦であることは、疑いの余地がなかった。タシュケント宣言の採択から九日、パキスタン高官との交渉から二日、ＩＳＩ長官との会見から一日後のことであった。

タリバンの攻勢が意味するところは明らかであった。紛争当事者による和平の全否定と、周辺国の背信に直面した国連代表に、迷いはなかった。ブラヒミは攻撃開始の第一報が入った数時間後、パキスタン外務省の高官を訪ね、彼が和平活動を中断し、国連本部に引き上げる旨伝えた。パキスタン側は「回避のため全力を尽したにもかかわらず、戦闘が始まってしまったのは残念」と繰り返し、言葉少なに対応した。ブラヒミは「タシュケント宣言にもかかわらず、タリバンが攻撃に踏み切ったという事実は重い」と指摘したうえで、「『6プラス2』の代表は、今一度国連本部に集まって、互いの目と目を見詰め合い、これ以上グループとして存続する意味があるか自問すべきだ」と言い残し、静かに席を立った。会議室の空気は、凍ったままであった。

ブラヒミは翌日、イスラマバードを後にした。国連の最後の本格的な和平努力は、周辺国の真の協力を得られないまま、戦闘の再開と共に潰え去った。

紛争の外的側面と内的側面を同時に扱うという国連の新方針は、タシュケント宣言に結実した。しかし、この「周辺国の干渉問題に正面から向き合う」という国連としては野心的な和平方針も、勝利を確信した紛争当事者と、「国策の一貫」として仮借ない介入を続ける周辺国を、翻意させるには不十分であった。タシュケントの失敗の後、米国やロシアは予告通り、アフガン問題の議論を安全保障理事会に移し、相次ぐ制裁決議の採択など、タリバンとその支援国への対決姿勢を強めていった。国連和平活動の失速は、もはや誰の目にも明らかであった。

アナン事務総長は同年の九月に提出した報告書の中で、「6プラス2」に代わる和平の枠組みの可能性に言及し、暗にこの非公式グループの役割が終わったことを示唆した[16]。事務総長は続いて一一月の年次報告書の中で「タシュケント宣言の直後にタリバンが攻勢を仕掛けたことは、とても偶然とは思えない」と述べ、タリバンの和平に対する姿勢に深刻な疑念を呈した[17]。事務総長はまた「タリバンに対し影響力のある国々は、攻勢を思い止まらせるための継続的で真剣な努力を行わなかった」と言ってのけ、表向きの国連協力の姿勢とは裏腹に、「6プラス2」関係国の一部が、戦闘回避のために何ら効果的な努力をしなかったと批判した。

アナン事務総長は翌二〇〇〇年の初め、辞意を表明したブラヒミに代わり、新たな国連代表を任命した。事務総長は新代表の階級を、ブラヒミの事務次長から事務次長補に格下げし、和平活動を実質的に縮小する意向を明らかにした。

繰り返された警告

数で勝るタリバンの攻勢を、マスードが率いるタジク人部隊はよく凌ぎ、戦局は九九年の夏以降膠着状態に陥った。戦線は北部のタハール県とカブールの北に固定されたまま、一進一退を繰り返し、大きく動く気配を見せなかった。

戦闘の再開により、タシュケント宣言が事実上反古にされると、周辺国のアフガン諸勢力に対する武器供与は増大の一途を辿った。果てしなく続く戦乱の悪影響は、テロ、難民、麻薬などに姿を変え、地域のみならず世界各地に広がっていった。新方針に基づいた和平活動が頓挫するなか、アナン事務総長は加盟国に対し、紛争がこのまま放置された場合の潜在的危険性に関し、歯に衣を着せぬ警告を発することを決断した。

アナン事務総長はまず、九九年の年次報告書の中で[18]、彼自身が既に二年前に「アフガニスタンで発生した火事（内戦）は今や国境を越え、テロ、略奪行為、麻薬の密貿易、難民の流出、民族・宗教問題などに姿を変え、地域のみならず国際社会全体に広がりつつある」と加盟国に報告し、紛争を未解決のまま放置した場合の潜在的危険を指摘した事実に言及した[19]。その上で事務総長は「紛争の悪影響は拡大の一途にある。火の手はあらゆる方向に広がり始めた……国際社会はアフガニスタンが国境の枠を越えたテロ活動や過激主義の温床になりつつあることに懸念を深めている」と述べ、加盟国に対し一歩踏み出した警告を行うと共に、様々な悪影響の中でもとりわけ、同国を起点とするテロ活動が問題の焦点となりつつあることを強く示唆した。事務総長は、ニューヨークとワシントンがテロ攻撃に晒された二〇〇一年九月一一日のわずか三週間前にも、「場当たりの対応ではテロ、難民、人権問題などの国際社会の個別の懸念を解決することができない」と訴え、アフガン問題の包括的な解決の必要性を強調した。[20]

介入の質的変化

周辺国による介入は、九九年の夏以降も増加を続けた。介入の中でも特に目立ったのは、タリバンへ向けられた軍事支援の、質と量の両面における拡大であった。

アナン事務総長が、タリバンが享受する軍事支援の質的変化を最初に指摘したのは、九九年の夏期攻勢が発生した直後の八月六日のことであった。彼は自らのスポークスマンを通し「武器や弾薬などの軍事物資の供給に加え、今や数千の非アフガン人が戦闘に加わっている」と述べ、物資のみならず、兵員まで周辺国が紛争当事者に供給していると糾弾した。[21] 事務総長は続いて同年の九月に「タリバンの攻勢は、パキスタンのマドラッサ出身で、多くの非アフガン人を含む、二〇〇〇人から五〇〇〇人の新兵によって補強されている」と報告し、この「非アフガン人」の出身国と、支援するアフガン勢力の名前を明示した。[22] マドラッサ出身の「義勇兵」の問題は、その後の事務総長の報告書の中に例外なく含まれることになる。事務総長は二〇〇〇年の一一月の年次報告書の中でも「主にパキスタンのマドラッサ出身者で占められる、非常に多数の非アフガン人が、タリバンの側に立ち戦闘に参加している」と断じ、増加を続ける「義勇兵」の存在に深い懸念を表明した。(23)

安保理も、大量の非アフガン人の戦闘参加を問題にした。安保理は九九年十月に議長声明を発表し「主にマドラッサ出身の数千人の非アフガン人がタリバンと共に戦闘に参加しているとの報道に対し」深い憂慮を現した。(24) 事務総長と同様に、安保理もこれ以降、繰り返し「義勇兵」の問題に、声明や決議の中で言及する。

タロカンの陥落

介入の質的変化に対する憂慮が深まる中、二〇〇〇年の夏に、より深刻な懸念の種が蒔かれた。周辺国による、直接の軍事介入の疑いが浮上したのだ。

マスードはそれまで、タリバンの度重なる攻勢に耐え、一進一退の膠着状態が続いた。僅かに残された東北部を死守するタジク人部隊の防御は堅く、タリバンが攻めあぐむ状態が続いた。マスードの頑強な抵抗により、タリバンがかつての勢いを失いつつあることは、もはや否定し難い事実であった。タリバンの間で、慢性的な兵員不足が囁かれ始めたのはこの頃だ。長引く戦闘に嫌気がさした住民の間にも厭戦気分が蔓延し、タリバン兵士の逃亡や、若者の徴兵忌避が頻発するようになった。(25)

ところが、同年八月の下旬に突然、タリバンは大規模な攻撃を再開した。大方の予想に反し、タリバンの攻勢は瞬く間に成功し、九月の初めには当時北部連合の本部が置かれたタハール県の県都であるタロカンがあっけなく陥落した。タロカンの占領後、タリバンはアフガニスタン東北部の国境地帯の大部分をも制圧して、タジキスタンから北部連合への補給路を断ち、マスードを絶体絶命の窮地に陥れた。予期せぬ戦局の展開は、国際社会を驚愕させた。

タロカン陥落の前後から、国連は様々な情報源から、タリバンの攻勢の裏舞台に関する情報を受けとっていた。[26] 情報源の多くは、兵員不足で苦しんでいるはずのタリバンが息を吹き返した理由として、既に周知の事実となったマドラッサからの「義勇軍」の存在に加えて、より統制された第三国の正規部隊の関与を指し示した。[27]

周辺国による直接介入の可能性は、安保理でも取り上げられた。英国代表は同年一一月三日の非公式協議の中で「タリバンの軍事的成功は多くの軍事専門家を驚かせたが、わが国としては、周辺国による〝より高い水準の軍事的援助（a higher level of military help）〟が、この成功の裏にあるのではないかと疑っている」と、耳を澄ませる他の一四の理事国の前で語った。介入国に対する、紛れもない警告であった。

周辺国の介入の拡大を示唆する事件は、他にもあった。少し時を遡って同年の九月下旬に、イランの代表が突然、国連との緊急協議を申し入れた。協議の場でイランは「タリバンの大部隊が、マスードの根拠地であるパンジシール渓谷に守りの薄い北から侵攻するため、（渓谷の北口に近い）第三国の領土で集結している」との極秘情報を伝え、国連関係者を驚かせた。イランはさらに「もし第三国を経由したパンジシールへの侵攻が行われた場合、われわれは西部のヘラトで、（亡命中の反タリバン勢力を支援することにより）新たな戦線を開いて対抗する覚悟がある」と警告し、この旨当該国政府に伝達するよう要請した。同時期、欧州の複数の政府からも、同様の情報が国連に伝えられた。

国連は、警告を直ちにこの周辺国に伝達した。同時に、国連本部と現地で、紛争の拡大を防止するため、考え得る全ての外交的措置が取られた。他国の領土を巻き込むこの緊張状態は、警告の伝達から数日間続いたが、始ったときと同様に、突然終息した。第三国に集結したとされる部隊がある日忽然と、跡形もなく消え去っていたのだ。アフガン紛争の舞台裏で周辺諸国により繰り広げられた、生き馬の目を抜くような暗闘が、赤裸々に露呈した一瞬であった。

タシュケントでの挫折は、国連の和平活動に長い影を落とした。米国など「6プラス2」関係国は九九年の夏以降、タシュケントで示した紛争解決のための限定的な和平への関心さえ、遂に回復することはなかった。国際社会はその後、繰り返し発せられた国連の警告に、時宜を得た十分な注意を払うことはなく、結果として事態の悪化を放置した。和平会議の東京開催を望んだ日本も、和平の機会が遠ざかったと見て取り、会議招致のための積極的な働き掛けを停止した。

万策尽きた和平努力を尻目に、アフガスニタンは大いなる悲劇へ向け、最後の降下を始める。悲劇は、アフガン国民だけのものではなかった。国際社会の無為と無関心が生み出した泥沼の中で生まれた国際テロの亡霊が、アフガニスタンの国境を越え、世界を覆い始めた。国際社会の関心がアフガニスタンに戻り、和平への展望が再び開かれるのは、世界が未曾有の同時多発テロ攻撃に直面した後であった。

注

（1）事件の生存者によると、タリバンはマザリ・シャリフ占領後直ぐに現地のイラン領事館に部隊を派遣し、館員九名とジャーナリスト二名を領事館の地下に集め、即座に自動小銃で処刑したという。しかし、この内、館員一名とジャーナリスト一名は奇跡的に致命傷を免れ、タリバンの目を盗んで逃走した。領事館を襲ったタリバン部隊の中には、ＪＵＩから分裂したSipah-e-Sahaba Pakistan（ＳＳＰ）など、反シーア派活動で知られるパキスタンの過激派宗教組織の構成員が混じっていたという。

（2）この「6プラス2」外相レヴェル会議の結論（Points of Common Understanding）は、事務総長報告書A/53/455-S/1998/913の付録として添付されている。一九九八年一一月二三日提出。

（3）国連要員殺害事件は、米国が東アフリカに在る米大使館爆破事件の報復として、アル・カイダなどのテロリスト訓練施設があると見られたアフガニスタン東部を、巡航ミサイルで攻撃した一九九八年八月二〇日の翌朝にカブールで発生した。その朝、ＵＮＳＭＡの軍事顧問であったイタリア出身のカロ中佐は、事務所に車で出勤の途中、二人組の男に銃撃され、命を落とした。国連の強い要請を受けタリバンは、使用直後で銃身が熱をもった状態の自動小銃を携帯した容疑者二人を拘束した。タリバンはこの二人をその後二年余り、裁判にかけないまま牢獄に止めた後、国連への事前連絡なしに、証拠不十分という理由で「保釈」した。容疑者は、イラン人外交官殺害事件の場合と同様、パキスタンの過激派宗教組織の構成員であった。カロ中佐事件のほんの一カ月余り前には、アフガニスタンの隣国で活動中の、国連タジキスタン監視団の要員四名が何者かにより殺害される事件が発生した。殺された要員には秋野豊政務官が含まれており、日本に強い衝撃を与えた。これら中央アジアで相次いだ国連要員に対する攻撃は、ＰＫＯに限らず、政治ミッションなど紛争地での国連活動の危険を加盟国に如実に示した。事件後、イタリア大統領は国連事務総長に親書をしたため「今回の悲劇は、国連がしばしば平和の大儀のため支払わねばならぬ高い代価をわれわれに思い出させた。この平和の探求において、イタリアは常に最前線にある」と言明し、尊い自国民の犠牲にもかかわらず、国連の和平活動からの不退転の決意を表した。

（4）アフガニスタン産の阿片の年間生産高は、九八年には四五〇〇トンに達し、世界全体の生産の七割余りを占めるようになった。

（5）タリバンはしかし、大方の予想に反し、真剣で効果的なケシ栽培の禁止措置を二年後に実行する。加盟国の中にはタリバンの動機に関し懐疑的な国も多かったが、阿片の生産が急激したことは間違いなかった。

（6）タリバンが少なくとも当初の数年間、支配地域での法と秩序の回復に貢献したことは、紛れもない事実であった。国連事務総長は総会や安保理への報告書の中でしばしば、無政府状態が続く北部連合の支配地域と比べ、タリバン支配地域では極端な女性差別など広範な人権侵害が横行しているものの、殺人や強姦などの重犯罪が激減したことを公式に認めた。

（7）タリバンが、非パシュトゥン族も含めた部族間の均衡の取れた運動であるというオマール師の主張は、事実ではない。第二章で既に説明した通り、タリバンは州知事などのレヴェルで非パシュトゥン人の幹部を数人登用したものの、カンダハールやカブールの政策決定機関であるタリバン・シューラ（幹部会）の構成員のほとんどはデュラニ系パシュトゥン人であった。

（8）イランの人質解放に対する態度が素っ気なかったのは、イラン政府が一旦国内で燃え上がった反タリバン感情の処理に困り、「タリバンへの譲歩」と受け取られかねない国連外交の成功を、国民の前で認めるのを避けたためだといわれる。イランはその後、国連の仲介努力を労うどころか、「国連代表は人質の解放だけでなく、タリバンを説得し、和平交渉の再開にも応じさせるべきであった」との苦言を呈し、国連関係者を驚愕させた。和平交渉の再開は、本章の説明でも明らかなように、イラン自身がブラヒミ代表に提示したタリバンとの緊張緩和の条件に含まれていなかった。もともと条件でなかったものを「条件」であったように強弁したのは、国連に「譲歩」の責任を転嫁することにより、沸騰する政府批判をかわすことを目論んだためといわれる。関係国の面子を立てねばならない国連外交の難しさの一端が、計らずも露呈した挿話であった。

(9) 安保理決議 S/RES/1998/1214. 九八年一二月八日採択。

(10) この安保理決議の条文は、翌九九年一〇月一五に採択される第一次対タリバン制裁決議の伏線となる。当時から、ロシアやイランを中心として、事務総長の和平活動とは別の次元で、安保理を使った「タリバン包囲網」が綿密に準備されていたことを伺わせる。

(11) 激論の末に、安保理の関連決議に一般的な言及をするが、個々の決議への言及は避けるという妥協が成立し、関係国が「総会や安保理の決議の関連条項に従い、アフガン紛争の平和的解決を目指す」との表現が、宣言の前文に挿入された。

(12) タシュケント宣言の全文は国連文書 A/54/174-S/1999/812 の付録に添付されている。トルクメニスタンが宣言に署名しなかったのは、反タリバン色を強める「6プラス2」の活動に不満を持っていたためと言われる。パキスタンと同様、トルクメニスタンはタリバンの優勢を信じて疑わず、タリバンとの交渉を通し、アフガニスタンを通ってパキスタンに繋がる天然ガス・パイプライン計画の実施を希望していた。

(13) タシュケント会議の翌日には、パキスタンの代表が国連を除いた関係国の一部とアフガン当事者のみの協議を行い、和平への道筋を定めた独自の声明の発表を企て、物議をかもした。議場で国連代表のいないことに気付いたイランは、当時別の離れた場所にいた国連担当官を必死に探し出したうえ、担当官と共に「全力疾走」で議場にかけ戻り、事なきをえた。北部連合の代表によると、パキスタン代表は国連抜きの会議が行われた理由として、「(タリバンの〝敵〟が多い)「6プラス2」では和平の進展が望めないため」と説明したという。国連を通した和平の達成という建て前にかかわらず、最後までアフガン問題に対する統一した取り組みを見出だせなかった「6プラス2」グループの素顔がのぞいた瞬間であった。

(14) タリバンがその後辿った運命を考えると、ブラヒミ代表の最後の忠告は示唆的であった。

(15) 国連はタリバンに大きな影響力を持つパキスタン政府との円滑な意思疎通のため、多くのチャンネルを活用した。シャリフ首相の周辺だけでも、首相本人との公式チャンネルに加え、首相に強い影響力を持った彼の実弟や、アフガン政策に関し首相の信頼の厚い北西辺境州の高官など、多くの人物との緊密な接触を維持した。

(16) 事務総長報告書 A/54/378-S/1999/994. 九九年九月二一日提出。
(17) 事務総長報告書 A/54/536-S/1999/1145. 九九年一一月一六日提出。
(18) Ibid.
(19) 事務総長報告書 A/52/682-S/1997/894. 九七年一一月一四日提出。
(20) 事務総長報告書 A/55/1028-S/2001/789. 二〇〇一年八月一七日提出。
(21) DPI Press Release SG/SM/7090.
(22) Ibid.
(23) 事務総長報告書 A/55/633-S/2000/1106. 二〇〇〇年一一月二〇提出。ちなみに、マドラッサ出身の「義勇兵」のアフガン内戦への参加に関するパキスタン政府の反応は、非常に混乱したものであった。国連の問い合わせに対し、イスラマバードの外務省高官は「一部の心得違いの熱狂的な若者が（タリバンに加わるために）国境を越えたことを否定できない」と述べ、パキスタン人の戦闘参加を暗に認めた。しかし一方で、パキスタンの国連代表部は、「われわれが欧米人の国籍を判別できないように、（欧米人職員の多い）国連がアフガン人とパキスタン人を容易に区別できると思わない」と主張し、パキスタン人神学生の存在を、最後まで頑なに否定した。ことの真偽は、タリバンの壊滅後に明らかになった。米国や北部連合の捕虜となった数千人の非アフガン人のタリバン兵うち、過半数以上がパキスタン人であることが判明したのだ。残りは、アル・カイダに属するアラブ系のゲリラや、チェチェンなど世界各地の分離独立運動に関わるゲリラ兵士であった。国連は、パキスタンと新生アフガニスタンの関係修復を助けるため、アル・カイダと直接関係のないパキスタン人捕虜の釈放と本国送還を、カルザイ移行政権に働きかけている。ところで、国連と接触のあった、あるタリバン幹部は、タリバンとともに戦ったパキスタン神学生の数は、ピーク時で一万から一万五〇〇〇名に上ったと語った。この幹部によると、これらの神学生やアラブ人ゲリラの訓練のため、ビン・ラーディンは新たな部隊を編成し、その維持費として月額一〇万ドルを拠出したという。

(24) 安保理議長声明 S/PRST/1999/29. 九九年一〇月二五日発表。

(25) 国連と当時接触のあったタリバン幹部は、アフガニスタン各地で行われている徴兵をこれ以上強要すると暴動が起こる危険を、タリバン指導部が真剣に憂慮し始めていると伝えた。実際この時期、非パシュトゥン人の居住地帯のみならず、カンダハール近郊などタリバンの母体であるパシュトゥン人地帯でも、タリバン兵の徴用に反発する住民蜂起の事実が国連に報告されていた。兵員不足は、タリバンの強権による統治が当時既に限界に達していたことを物語っている。

(26) 当時、国連に重要な軍事関連情報をもたらした源は、外交筋、諜報関係者、報道機関、アフガン勢力、難民を含む一般のアフガン人など、多種多様であった。その内最も有力な情報源となったのは、閣僚級の高官を含むタリバン自身であった。国連はタリバン運動の発生直後から、ニューヨークの本部や現地での接触を通し、タリバンとの意思疎通のため、常に複数のチャンネルを維持してきた。タリバンが多様な勢力の寄せ集めであることは良く知られていたが、そのなかで、オマール師の独裁とアル・カイダなど外来兵力への過度の依存に不満を抱く者達が、国連に敢えて接近し、外国部隊の活動の実態を、事細かに明かした。このタリバンの内通者は「タリバンの現有兵力の四割近くが外国人兵によって占められている」と語り、国連関係者を驚かせた。

(27) 事態を憂慮した国連は、諜報能力のある主要加盟国に、事の真偽を内々に問い合わせた。問い合わせた加盟国は三つであったが、その内二つの政府は後日、周辺国の正規部隊の介入を示唆する返答をよこした。残る一つは、無解答のまま終わった。国連が情報を求めた三カ国とは別に、ロシアは二〇〇一年の春、国連安保理と事務総長に手紙を送り、正規部隊の存在を含む介入の実態を申し立てた。当時、北部連合は、タロカンにおける周辺国の正規部隊の存在を繰り返し国連に訴えていた。実際に戦闘に参加した北部連合の司令官によると、タロカンの攻撃を行ったタリバン部隊は、従来のタリバンよりはるかに精強で、よく統制が取れており、実に正確な砲撃を行ったという。

第六章　タリバンの変貌と終わりの始まり（二〇〇〇—二〇〇一年）

タリバンは結局、国際社会の説得と警告に耳を貸さなかった。そこに、「われわれの唯一の関心は、真のイスラム教国を打ち立て、祖国に平和をもたらすことだ」とかつて熱っぽく語った、理想に燃えた青年神学生の姿はなかった。彼らは何故、ビン・ラーディンに固執し、自滅的ともいえる頑迷な態度で、国際社会との対決の道を選んだのだろうか。

タリバンの内部では、アフガニスタン内外で同運動が孤立を深めた九九年以降、重要な変化が起きていた。最高指導者オマール師が、穏健派の幹部を排除して独裁色を強め、ビン・ラーディンが操るゲリラ兵士と、彼の過激派イスラムへの思想的依存を深めていたのだ。「祖国の平和」という運動本来の目的を見失ったタリバンは、次第にアフガン民衆から遊離し、漂流し始めた。

タリバンの自滅の軌跡は、国連和平活動の否定に止まらず、バーミアンの大石仏の破壊など、常軌を逸した形となって現れた。難民キャンプで生まれ、外来の過激思想と武器によって育まれたタリバンであったが、彼らが想い焦がれたアフガニスタンの母なる大地は、ついに彼らを受け入れることはなかった。アフガン紛争の鬼子であるタリバンの、哀しい最終章が、その幕を開けた。

1 〝非アフガン的〟運動としてのタリバン

タリバンの変貌

タリバンの変貌の理由は、その生い立ちと〝非アフガン的〟な性格に求めることができる。彼らはもともと、アフガニスタン土着の宗教運動ではないし、その統治の形態や政策も、同国の伝統や文化とは異質のものである。

タリバンの源が、アフガン難民が多いパキスタン北部に点在するデォオバンディ派イスラム教の神学校であることは、既に第三章で説明した。タリバンは、この復古主義の色彩が強い宗派が提唱した、中央集権の絶対的宗教権威による支配を、忠実に実行した。しかしこれは、イスラムと地域社会の伝統との共存を柱とする、アフガニスタン固有の社会制度と矛盾することは、明らかであった。

タリバンは、その非アフガン的性格ゆえに、自らの内に生来の危うさ、つまり国内政治基盤の脆弱性を内在させてきた。アフガン国民は当初こそ、タリバンの厳格なイスラム法による統治を、骨肉の争いを続けるムジャヒディンに対する「よりましな選択」として受け入れた。ところが、国民は時が経つにつれ、タリバンの政策が、彼らの伝統とは到底相容れないことに気づき始めた。タリバンの功績として、七九年の紛争勃発以来初めて、国土の大半に安全と秩序をもたらしたことがよく挙げられる。しかし、一般国民にとって、タリバンが達成した秩序とは、極端な女性差別など、広範な人権侵害と圧政の上に築かれたものであり、明日への希望を否定する「墓場の平和」と呼ぶしかない状況であった。

タリバンはまた、首都カブールの制圧から数年経っても、イスラム法シャリアの厳守という以外、何らアフガニスタンの将来像を国民の前に示さなかったが、これも彼らが如何に被支配民から遊離していたかの証左に他ならない。目覚ましい軍事的成功にもかかわらず、タリバンが武力で制圧した支配地の住民に対し、統治者としての正統性を常に証明しなければならなかったのは、このためだ。根無し草的存在であるタリバンが、その正統性を証明する唯一の方法は、イスラム法を厳格に実施することにより、自らが敵対者と比べ「より純粋なイスラム教徒」であると強調することであった。

このタリバンの弱点を補ったのが、ビン・ラーディンなど、アラブの過激勢力がもたらした原理主義だ。彼らがタリバンに、資金や兵員の供給に加え、本来のタリバン運動の目的とはほど遠い「西欧の反イスラム諸国との対決」という、思想的な支えと政治的方向性を与えた。

タリバンとビン・ラーディンの関係は、スーダンを追われた後者がアフガニスタンに再入国する九六年に本格化するが、最初は資金援助が主であった。ビン・ラーディンの潤沢な資金の一部が、反タリバン勢力の買収に使われたことは、本書の第三章と第四章で既に具体例を挙げて述べた。この他に、武器・弾薬の購入や、アフガン産アヘンの密輸にも、ビン・ラーディンの資金と組織が利用されたという。

タリバンは九八年夏以降戦線が膠着し、国民の間に厭戦気分が広がると、深刻な兵員不足に直面した。これを補うため、ビン・ラーディンが世界に張り巡らしたテロ支援網が、アラブ系を中心とした外国人兵士の導入に、積極的に活用されるようになった。タリバンを支援したアラブ系兵士の総数は、八〇〇から二〇〇〇人の間だと推定されるが、隣国パキスタンから戦闘に参加した数千名の神学生から成る「義勇兵」と並んで、兵員不足に悩むタリバンにとっては欠かせない戦力となった。「戦闘でいつも最初に逃げ出すのはタリバン兵で、二番目はパキスタン人（神学生）だ。最後まで残って頑強に抵抗するのは、常にアラブ系の兵士達だ」と或る反タリバン勢力の司令官が語ったが、計らずもビン・ラーディンが供給した兵力の重要さを良く物語っている。

資金と兵員に加え、タリバンは後年、その政治的正統性の支柱として、ビン・ラーディンへの思想的依存を深めていた。最初の徴候は、二〇〇〇年の冬に現れた。オマール師は二〇〇〇年二月に突然、ロシアからの分離・独立運動に揺れるチェチェンを国家承認すると発表して物議をかもし、実際にカブールで「チェチェン大使館」の開設を許した。この動きは、タリバンと、コーカサス地方や中央アジアの反政府勢力との連帯を懸念するロシアの逆鱗に触れた。ロシアは同年五月、タリバンがチェチェンでの分離・独立運動を支援していると糾弾し、アフガニスタン内にあるゲリラ基地への「予防攻撃」も辞さないと警告した。(1) 湾岸諸国を九〇年代中盤に訪問したタリバン幹部が、パレスチナの指導者アラファトが何者であるか知らなかったという有名な話があるが、その彼らが「パレスチナの解放」や、「イスラムの同胞」という表現を常用し始めるのは、ずっと後のことである。

オマール師に、仏像など偶像破壊の必要性を説いたのも、ビン・ラーディンなどアラブの過激主義者であったといわれる。これらアラブ系の原理主義者が、九〇年代中盤にカンダハールに来て最初に行った行為の一つは、市外の墓地にある墓石の破壊であった。後にタリバンによって為される、バーミアンの大石仏の破壊は、この延長線上にあるといわれる。

国連関係者は後年、タリバン幹部との非公式の接触のたびに「今のタリバンは、われわれの知っていた創設当時のタリバンではない。真のイスラム教国家の建設によって祖国に平和をもたらすという初志を、タリバンは忘れたのか」と厳しく詰め寄り、国際テロ組織との癒着を深めるタリバンの自制を促した。(2) しかし、タリバンはしばしば答えをはぐらかし、ついにこの忠告に真摯に向き合うことはなかった。

タリバン型原理主義の危険性

タリバンの潜在的危険性は、国家の枠を超えたイスラム原理主義に求められる。タリバンは、ビン・ラーディンへの思想的依存を深め、アフガニスタンを世界各地のイスラム過激主義勢力の後方支援基地に変えてしまった。

タリバンは、ビン・ラーディンをはじめ、イスラム原理主義を標傍する多くの国際テロリストとその組織を庇護していた。これらの組織の元祖は、八〇年代にソ連占領軍と戦うためにアフガニスタンに送り込まれた「自由の戦士」たちだ。この期間、米国など西側諸国は、地域の同盟国とともになりふりかまわず、原理主義的傾向の強いイスラム組織を選別し、莫大な軍事支援とともに戦場へ送り込んだ。

冷戦終結後、西側諸国のアフガニスタンに対する関心は、急速に冷めていった。しかし、国際テロ組織とアフガン・ムジャヒディンを結ぶ相互依存のネットワークは生き残り、内戦の継続と共に癌細胞のように増殖した。タリバンはその勢力拡張の過程でこのネットワークをそっくり引継ぎ、海外からの資金や武器の調達に活用した。

一方タリバンは国内で、世界各地のテロ組織に、ゲリラ訓練施設の供与など、様々な見返りを与えた。タリバン支配地域で活動した外国人ゲリラは、隣国パキスタンを除くとアラブ系が主力であるが、その中核を成すエジプト出身者だけで四〇〇人余りに上ったという。中央アジアからは、ウズベク族系ゲリラをはじめ、東は中国新疆ウイグル自治区、西はロシア・チェチェン共和国まで、地域の独立・分離運動のほとんどを網羅する。これにカシミールなど南アジアの紛争、フィリピンやマレーシアの東南アジアのゲリラ活動、アルジェリアなど北アフリカとボスニアなど欧州の諸組織を加えると、当時アフガニスタンを起点とするテロ支援網が、如何に地球規模の広がりを見せていたかが分かる。米国務省は、世界のテロ情勢に関する報告を二〇〇〇年の春に発表し、国際テロ活動の中心が中東から、アフガニスタンなど南アジアに移っていると指摘した。

アフガニスタンを震源とするテロは、日本にも甚大な被害をもたらした。二〇〇一年九月の対米テロ事件では、世界貿易センターやハイジャック機に居合わせた邦人の内、二十余名が犠牲になったが、彼らはアフガニスタンに関連する国際テロの最初の犠牲者ではない。エジプトのルクソールで九七年に起きた観光客襲撃事件では、日本人一〇人を含む六二人が殺害された。襲撃を企てた「イスラム団」の幹部二名はその後、アフガニスタンに逃れ、タリバン支配地域で活動を許された。九九年秋にキルギスタンで発生した人質事件では、ウズベキスタンのイスラム系反政府組織により四人の邦人技術者が拉致されたが、その首謀者ジュマ・ナマンガニと彼の一味が、タリバンによって庇護されていたことは、周知の事実だ(3)。

2　米国とタリバン――交渉から対決へ

タリバンとの交渉

米国は、九五年と九六年にサウジアラビアで連続した米軍施設爆破事件以降、アフガニスタンでのビン・ラーディンの存在に憂慮を深めていた。しかし、九八年中盤まで米国は、タリバンとの交渉に、問題解決の希望をつないでいた。米国がタリバンとの対決姿勢を鮮明にするのは、東アフリカ大使館爆破事件のあった同年八月以降のことである。

米国がタリバン指導者に、ビン・ラーディンに関する懸念を直接伝えたのは、九八年春のことである。当時の米国国連大使ビル・リチャードソンは、四月一七日に国連の和平活動支援のため首都カブ

ールを訪問し、閣僚級の米国高官としては初めてタリバンとの直接交渉にのぞんだ。(4)

リチャードソンはラバニ師との交渉の冒頭、ビン・ラーディンとその組織に対する米国の強い懸念を伝えた。米代表は続いてタリバンに対し、ビン・ラーディンが発したとされる、リチャードソン一行への攻撃を指令するファトワ（宗教令）を、直ちに撤回させるよう要求した。ラバニ師は、ビン・ラーディンがタリバン支配地域に潜伏していることを認めたものの、「彼は宗教指導者ではなく、ファトワを出す権限など与えられていない」と述べ、米国の要求を一蹴した。

リチャードソンはさらに「タリバンはテロリスト訓練施設の存在を否定しているが、それならば米国の専門家を（訓練施設があるとされる同国東部に）派遣する用意があるので、現地調査を認めてもらいたい」と要請し、タリバンの協力を迫った。ラバニ師は「他の幹部と相談の上、後日返答する」と受け流したが、ついに返答はなされなかった。

同盟国からの警告と報復攻撃

この四カ月後の八月中旬、国連事務総長は、米国と同盟関係にある欧州の加盟国から「アフガニスタンでテロ計画があるという諜報が入った。国連は要員の退去の対策を検討するべきだ」という旨の、漠然とした警告を受け取った。警告の真意を国連事務局は計りかねていたが、すべては数日後にはっきりした。東アフリカ大使館爆破事件の報復として、米国がアフガニスタン東部のゲリラ基地と訓練場に対しミサイル攻撃を実施したのだ。ビン・ラーディンは直前に攻撃を察知して居場所を変えたため、間一髪で難を逃れた。米国は後日「今後軍事的手段を取る場合は、前回のように第三国を通して警告をすることはない」と通告し、安全上の理由から、以後米国籍の国連職員をアフガニスタンへ送り込まないよう要請した。

報復攻撃を境に、米国とタリバンの関係は決定的に悪化し、急速に対決の道を歩み始めた。米国は九八年の攻撃以来、米国外交官のアフガニスタン入国も禁止したため、カンダハールなどアフガニスタン内でのタリバン指導者との交渉は、国連を通して行うようになった。それ以外の場合、米国はタリバンの指導者を、イスラマバードに呼び寄せて会談したり、タリバンと密接な関係にあるパキスタン軍の統合情報局（ISI）を通して連絡を取り合った。

米国のアフガニスタン外交は九八年以降、重要な節目を迎えつつあった。それまで米国は、アフガニスタンへの直接関与を控えていたが、ビン・ラーディンを中心とするテロ問題を契機として、徐々にアフガン紛争への関与の度を深めていった。米国はまず、それまで疎遠であった北部連合を、タリバンの全国支配を阻む最後の有力な抵抗勢力と認め、水面下で密接な連絡を取るようになった。[5] 米国は一方で、ローマに亡命中のザヒル・シャー元国王を中心とし、ローヤ・ジルガ（国民大会議）の開催による和平の達成を目指すアフガニスタン国外の諸グループへの支援を強化した。[6] これは、元国王をはじめこれらの亡命組織のほとんどが、タリバンと同じパシュトゥン多数派部族をその政治基盤としていたためだ。パシュトゥン人中心の亡命組織への支援により、米国はタリバンの民族的結束に楔を打ち込むことを目論んだ。

タリバン制裁決議

米国は九八年一一月に、東アフリカ大使館爆破事件の首謀者としてビン・ラーディンをニューヨークの連邦裁判所に起訴した。翌年七月には大統領令が発布され、タリバンに対して米国独自の経済制裁が課された。

米国は続いて、同様の制裁決議を国連安全保障理事会で採択するため、ロシアとの実務者レヴェル協議を開始した。米ロの協調によるタリバン制裁の準備は順調に進み、安保理は制裁決議案を九九年一〇月に採択し、タリバンにビン・ラーディンの引き渡しを要求した。この要求が入れられない場合、安保理は国連憲章第七章を発動して、アリアナ航空の飛行禁止など、タリバンに対して限定的な制裁を課すことが定められた(7)。決議に動揺したタリバンは、ビン・ラーディンを、(1)サウジアラビアなどのイスラム教国と共同でイスラム法シャリアの下に裁く、(2)自宅軟禁し、イスラム諸国会議機構(OIC)による国際監視の下に置く、など様々な打開策を国連に提示した。しかし、肝心のサウジアラビアが、(1)の提案を直ちに拒絶するなど、いずれも実態の無い、その場逃れの彌縫策であった。

タリバンと米国高官の最後の直接交渉は、二〇〇〇年五月にイスラマバードで行われた。交渉では、国務省ナンバー3のトーマス・ピカリング政務担当事務次官が、タリバン代表のアブドゥル・ジャリル・アクンド外務次官に、ビン・ラーディンの容疑の全貌を具体的かつ子細に説明し、安保理決議の完全実施を改めて強く要求した。アクンドは交渉後、米国側の強固な態度に呑まれたのか、顔面蒼白であったという。しかし、タリバンはついに政策転換の兆候を示さず、交渉の不成功は歴然としていた。

交渉決裂を受け米国は、タリバンに対する制裁の強化を決意した。米国は同年八月と一〇月に、ロシアと外務次官級作業部会をワシントンとモスクワでそれぞれ開催し、共同で第二次対タリバン制裁の準備を開始した。制裁決議は、二〇〇〇年一二月に安保理で可決された(8)。決議には、タリバンへの要求として、ビン・ラーディンの身柄引き渡しのみならず、アフガニスタンにおける全てのテロ訓練施設の閉鎖を要求する条項が新たに追加された。決議はさらに、もしタリバンが要求を呑まない場合、武器など軍事物資の全面禁輸、タリバンの海外事務所の閉鎖、タリバン幹部の渡航禁止、あらゆる航空機の国際運航の全面禁止などの実施を求め、第一次制裁と打って変わった厳しい内容となった(9)。

米国とタリバンの折衝はその後も、実務レヴェルで断続的に行われたが、何の進展もみられなかった。年が替わりブッシュ共和党政権が誕生したが、米国自身がテロ攻撃にさらされた九月の時点ではまだ、新政権のアフガニスタン政策は見直しの真最中であった。

冷戦期の同盟国であったパキスタンへも、米国は様々なチャンネルを通して、タリバンへの影響力行使を促していた。しかし、米国とパキスタンとの接触は、国務省がパキスタン外務省、国防総省がパキスタン軍部、中央情報局（CIA）がパキスタン軍の統合情報局（ISI）というように、冷戦時代の役割分担を引き摺った、相互の連絡のほとんど無い不統一なものであった。米国が本気でパキスタンに、親タリバン政策の抜本的転換を迫り、そのため決然として圧力の行使を行うのは、ニューヨークとワシントンが同時多発テロ攻撃に遭遇した後のことであった。

3　バーミアン石仏の破壊

偶像破壊命令と国連の対応

タリバンは九九年以降、内外での孤立を深め、非理性的で過激な行動に走った。その中でも最たるものは、アフガニスタンが誇る世界的仏教遺跡、バーミアンの大石仏の破壊であった。

タリバンの最高指導者オマール師が、国内に残る仏像など全ての偶像と、非イスラム教の神殿を破壊せよとの命令を下したのは、二〇〇一年二月二八日のことだ。[10] 以来、国連本部では、あらゆる外交チャンネルを通してタリバンの説得に当たるとともに、独自の情報源や加盟国からもたらされる衛星写真を利用して、仏像周辺の状況をつぶさに監視し続けた。アフガニスタン中央高原地帯の、バーミアン渓谷を見渡す山の側面に並んで彫り込まれた二体の大石仏は、三月の初めまで手つかずの状態で、周辺でのタリバンの活動もほとんど見られなかった。しかし、三月七日から八日にかけて、タリバン兵士による破壊が始まった。破壊活動は、タリバンの国防大臣が自ら陣頭に立ち指揮したという。千数百年の風雪と、モンゴルなどの相次ぐ侵略を耐え抜いた二体の立像であったが、内戦の混乱に乗じて台頭したこの原理主義勢力の手で、瓦礫と化した。

オマール師が偶像破壊命令を下して以来、パリを本部とする国連教育科学文化機関（UNESCO）をはじめ、世界中の文化、学術、宗教組織が、声明を出したり特使を急派するなど、タリバンに対して懸命の説得工作を行った。(11) ニューヨークの国連本部でも、オマール師に再考を促すため、国連総会による緊急決議や、安全保障理事会の声明が矢継ぎ早に採択された。これは、石仏破壊の衝撃が、単なる文化財の喪失以上の問題であり、外交上の影響が避けられないと判断されたためだ。

国連本部ではまず、安保理の非公式協議が三月八日に行われ、仏像破壊に関する問題が取り上げられた。協議では、一五の理事国のうちほとんどが発言したが、なかでも米国、イギリス、ロシア、シンガポール、モーリシャスのタリバン批判は熾烈を極めた。これらの理事国は、タリバンの仏像破壊の背後に、極端な宗教的非寛容性と、国際テロ支援と同根の政治的過激主義が潜むと糾弾したうえで、仏像破壊は「国際の平和と安全への脅威にあたる」と断じた。日頃人権など、加盟国の内政問題の審議に慎重で、前年一二月のタリバンに対する第二次制裁決議の採決を棄権した中国も、アフガニスタンの仏像は「人類にとって極めて価値のあるものだ」と認め、タリバンの行為を非難した。当時、安保理の議長国であったウクライナは「仏像破壊は、文化財の保護などに関する国際協定のあからさまな違反だ」と指摘し、タリバンの翻意を促した。

非公式協議後、安保理議長は待ち受ける記者団に声明を発表し、タリバンの行為を「アフガニスタンの文化遺産に対する不可解で理不尽な暴力」として咎め、破壊活動の中止を強く促した。「国際の平和と安全の維持」を使命とする安保理が、文化財の保護に関し声明を出すのは、国連史の中でも異例であり、加盟国の懸念の深さが伺えた。

続いて国連総会では三月九日に、ドイツ政府が音頭を取り、オマール師の偶像破壊命令の撤回を要請する緊急決議案の審議が行われた。決議案は、日本も含む九三カ国の加盟国によって共同提案され、全会一致で可決された。[12] 決議に先立ち一八カ国が発言したが、そのほとんどが、バーミアンなどアフガニスタン各地に現存する仏像などの遺跡は、単にアフガン国民や仏教国にとっての財産ではなく、人類共有のかけがえのない文化遺産であると強調し、その保護の必要性を情熱的に訴えた。発言国はまた、このような「心ない蛮行」が宗教の名のもとに実行され、しかもそれが二一世紀の最初の年で、二〇〇〇年のミレニアム・サミットで「文明間の対話」の年に指定された二〇〇一年に起こったことに、憤りをあらわにした。

アナン事務総長も、既に現地入りしていたユネスコの特使に加え、アフガン紛争調停のため隣国のパキスタンに駐在していたUNSMAの所長を、早い段階でカブールに派遣し、タリバン指導部の説得に当たらせた。事務総長はまた、ニューヨークのメトロポリタン美術館など、著名な文化・美術関連組織と連絡を取りつつ、これら組織が「移動可能な仏像などを、タリバンから引取り、国外に移送したうえで国際管理下に置く」という窮余の妥協策を練り上げ、タリバン指導部に複数のチャンネルを通して伝達した。

このような表面上の活動に加えアナン事務総長は、タリバンに直接の影響力を持つといわれる隣接国政府の最高指導者に親書をしたため、オマール師の翻意を促すため、政治的影響力の行使を要請した。仏像破壊が開始された後の三月一一日には、訪問先のパキスタンに、タリバン幹部のムタワキル外務大臣を招き、「仏像はアフガン国民のみならず、人類共有の財産であり、それを破壊することは決してタリバン自身のためにならない。タリバンは、仏像の破壊者として歴史に名を留めてはならない」と諭し、自ら最後の説得を試みた。(13) しかし、ここに至ってもタリバンの頑な態度は変わらず、全ては水泡に帰した。

石仏が体現するもの

タリバンの行為は、国際社会全体を震撼させ、同運動のアフガニスタン内外での孤立を決定的にした。(14) 圧倒的な軍事的優位を誇ったタリバンであったが、仏像破壊の前後から、内部崩壊の兆しが顕著になった。彼らは何を恐れ、何を破壊しようとしたのだろうか。

タリバンを非理性的な行動に走らせた真の動機が、偶像の破壊という「宗教的欲求」や、国際社会への反発のような、単純で表面的なものでないことは明らかだ。それはむしろ、軍事的成功や仮借ない恐怖政治にもかかわらず、決して自らを受け入れることのないアフガン民衆への、タリバンの内なる焦りと苛立ちの現れと言えなくはない。だとすれば、破壊におもむくタリバン兵士たちが、バーミアンの大石仏を通して対峙したのは、オマール師のいう「ただの石くれ」であるはずはない。タリバンが直面したものは、石仏が時と空間を超えて体現する、多民族国家アフガニスタンの民族和解の伝統、なかんずく、自らの破壊者にさえ向けられる、尽きることのない寛容と憐れみの心ではなかったか。

タリバンが石仏を破壊したとき、アフガニスタンをめぐる歴史の歯車が再び回り始めた。タリバンの掲げる原理主義の矛盾と、その国際社会に対する潜在的脅威が一挙に吹き出し、アフガニスタンを国際政治の表舞台に押し出し始めたのだ。

孤立の深化にともないタリバンは、自らの支配地でのテロ組織の表立った活動の制限など、それまでかろうじて維持してきた最低限の自制をかなぐり捨てた。その結果、アフガニスタンを起点とする国際テロ活動は、何の制約も受けぬ野放し状態となった。同時に、戦場でのタリバンとアル・カイダとの共同作戦も強化され、国際社会の目をはばからず白昼堂々と実施されるようになった。(15)

和平への否定的な態度も、一層あからさまになった。タリバンは国連に対し二〇〇一年のはじめ、カブールを除く全てのUNSMA事務所の閉鎖と、今後国連の仲介に一切応じない旨を通告した。タリバンはまた、同年の春に日本政府が提案した「東京で北部連合と、国連が直接関与しない形での交渉を行う」という、国際社会としては妥協し得る目一杯の提案をも拒絶し、和平のために差し延べられた最後の手を振り払った。(16)

「タリバンは変わった。オマール師はビン・ラーディンの言うことしか聞かなくなり、穏健派は全て政策決定のラインから外された。もはやタリバンがアル・カイダなのか、アル・カイダがタリバンなのか、区別がつかなくなった」

タリバン内部の情報に通じる或る政府高官は、二〇〇一年の春に国連に対し、タリバンとの全面的対決を予見する警告を発した。他の加盟国から寄せられる情報も、タリバンの変貌に伴うアフガン情勢が、危機的状態にあることを示していた。

タリバンの内部で、自壊に向けた大きな変化が起こっていることは、もはや何人も否定し難い事実であった(17)。それはまさに、ムジャヒディンに代わる「世直し運動」として発足したタリバンの、終わりの始まりであった。

注

(1)　アル・カイダは実際、アフガニスタンの北の中央アジアやカスピ海の西のコーカサス地帯を、アフガニスタンに次ぐ有力な拠点の候補地と見て、影響力を広げることを目論んでいた。当時国連と接触のあったタリバン幹部によると、二〇〇一年八月一六日にカンダハールでビン・ラーディンとオマール師を含むタリバンの最高幹部の会議が開かれ、当時北部連合の根拠地であったタハール県のタロカンを攻略した後、中央アジアに近いこの町をタジキスタン、ウズベキスタンやキルギスタンに進出するための前哨基地にすることの決定がなされた。このためアル・カイダでは、アフガニスタンにいる一部のゲリラ兵に対するロシア語の教育を開始したといわれる。タリバンは後年、北部連合との和解を目指す国連の和平活動に耳を貸さず、ひたすら「完全勝利」によるアフガニスタン全土の掌握に固執するが、これはアル・カイダの中央アジアやコーカサスに対する野心の反映ともいえなくはない。

(2)　タリバンへの忠告は、アフガニスタンやパキスタンのみならず、ニューヨークなど地域の外で行われた国連との非公式折衝でもなされた。一部の折衝では、タリバンの変節を詰る国連関係者の歯に衣を着せぬ説得に、タリバン幹部が気色ばみ、同行のアフガン人の通訳が恐怖のあまり同時通訳の続行を拒否する場面もあった。

（3）タリバンは、日本人人質事件の主犯であったジュマ・ナマンガニに対し、アフガニスタン北部のマザリ・シャリフの郊外に、反ウズベク政府活動のためのゲリラの基地の設置を許可するなどの便宜を図っていた。ナマンガニは二〇〇一年の秋、米国の空爆により、アフガニスタン北東部のクンドゥズ県で戦死したといわれる。

（4）リチャードソンとタリバンの交渉の内容で、国連の和平活動に関するものは、本書の第四章第3節の中の「米国の『パラシュート外交』」を参照。

（5）米国は九八年八月にタリバンに対する報復攻撃を決断するまで、イランやロシアが支援する北部連合とは、非公式の接触以上の関係を持たなかった。しかし、米国と北部連合の関係は、タリバンとの関係の悪化と反比例して、親密になっていった。米国務省の高官は九九年に国連に対し「米国は、マスードがタリバンの抵抗勢力として生き残ることを望んでいる」と言明し、北部連合支持の姿勢を明確にした。九月一一日のテロ以降、米国と北部連合の関係は、同盟といえるほど緊密さを増した。タジク人部隊中心の北部連合は、二〇〇一年一一月にタリバンを敗走させてカブールを占拠し、ボン和平会議での有利な立場を獲得したが、この快進撃が可能となったのも、空爆を含む米軍の全面的な後押しのおかげに他ならない。

（6）米国が支援したパシュトゥン族系の亡命組織の中心は、ザヒル・シャー元国王を戴く、いわゆる「ローマ・グループ」であった。このローマ・グループの一員で、積極的に米国との交渉に当たった幹部の一人が、後のアフガン暫定政権と移行政権の最高責任者となるハメッド・カルザイである。

（7）国連安保理決議 S/RES/1267. 九九年一〇月一五日に全会一致で採択。

（8）国連安保理決議 S/RES/1333. 二〇〇〇年一二月一九日採択（中国とマレーシアは棄権）。

（9）安保理は二〇〇〇年一二月の第二次制裁で武器禁輸など厳しい制裁を課したが、これらの措置はタリバンのみに適用され、紛争の一方の当事者である北部同盟は制裁の対象から除外された。これに反発したタリバンは、現地で和平活動を行う国連アフガニスタン特別ミッション（UNSMA）への協力を拒否し、既に低迷状態にあった国連和平活動に追い討ちをかけた。

(10) オマール師は、タリバンが九八年にバーミアンを占領した当初、国連に対し「石仏は、貴重な文化財なので、破壊することはない」と約束していた。彼の変心は、国連関係者を驚愕させた。

(11) 日本からも、京都や東京の様々な仏教団体が、国連事務総長に書簡を送り、仏像の破壊阻止を訴えた。

(12) 国連総会決議 A/RES/55/243. 二〇〇〇年三月九日採択。

(13) 国連事務総長が、タリバンと会談したのはこれが初めてであった。国連本部では会談の直前に、事務総長をタリバンと直接会わせるか否かで、激論が交わされた。賛成派は、「事務総長との会談が、仏像破壊の中止など、タリバンの政策の軟化につながるのでは」との一縷の希望を抱いていた。反対派は、当時既にオマール師による独裁の徴候は顕著で、仮に国連が事務総長との会談に応じても、タリバンの軟化の可能性は少ないと見た。議論の後、国連関係者の間で挙手による裁決が行われたが、賛否同数であった。結局、政務局長の裁断により、会談の実現が決まった。

(14) タリバンによる仏像破壊は、アフガニスタン内外で深刻に受け止められた。「彼ら（タリバン）は本当にアフガン人なのか？」。タリバンの理不尽な行動に対し、それまでかろうじて中立を保ってきた数知れぬアフガニスタンの知識人、宗教指導者や市民社会の代表が率直な疑問を投げつけた。タリバン運動と、アフガン民衆との乖離が、決定的になった瞬間であった。国際社会でも、タリバンの孤立は明白であった。欧州連合（ＥＵ）とフランス政府は、タリバンによる仏像破壊の直後の二〇〇一年四月に、北部連合のマスード司令官を単独で、ブリュッセルとパリにそれぞれ公式招待した。これは「アフガン問題の交渉には、タリバンと反タリバン勢力の双方をかならず招待し、平等に扱う」というそれまで外交慣例からの逸脱であり、「欧州は今後、タリバンを相手にしない」という、痛烈なタリバン拒絶のメッセージであった。

(15) 当時国連と接触のあったタリバン幹部は「タリバンの主要な軍事作戦のすべては、カブールで週一回の頻度で行われる、タリバン、アル・カイダと周辺国の将校の合同会議で立案された」と明かした。合同会議で合意された作戦案はその後カンダハールに送られ、オマール師の最終決定に委ねられた。事実であれば、タリバンと外部勢力との癒着関係が良く現れている。ちなみに、カブールやカンダハールなどタリバンが支配する主要都市では当時、アル・カイダに属するアラブ系兵士が日常的に見られるようになった。ダリ語やパシュトゥ語を解さぬ彼らは住民と交わらず、しばしば新品の日本製の小型トラックに乗り、武装したままで市中をわが物顔に走り回ったため、多くのひんしゅくを買った。「米国打倒」などのアラブ語で書かれた政治スローガンが市街で散見されるようになったのもこの頃だ。戦場でも、タリバンに直属しない独自の指揮命令系統を持ったアル・カイダ部隊の活動が許されるなど、タリバン内部でのアル・カイダの影響力の増大が顕著になった。

(16) タリバンは当時、国連の仲介する如何なる和平交渉にも応じないと宣言していた。日本の提案によると、国連は東京でのタリバンと北部連合との交渉に、主催者としてではなく、オブザーバーとして参加するはずであった。タリバンの反対を回避しつつ、実質的に国連を交えた交渉の場に引き出すという、和平交渉復活のためのぎりぎりの妥協策であった。

(17) 国連は当時、タリバンの中では穏健派と見られたムタワキル外相などと、緊密な連絡を保っていた。ムタワキルは最後まで、仏像破壊の中止、ＵＮＳＭＡ事務所閉鎖の撤回、東京会議の受け入れに積極的であったが、彼の助言はオマール師まで届かず、いずれも却下された。ムタワキルの影響力の低下は、オマール師をはじめとする強硬派がタリバン内で絶対的な力を握った証拠の一つと考えられた。

第七章　達成された和平

二〇〇一年九月、アフガニスタンをめぐる国際情勢が激変した。アル・カイダが実行したと見られる自爆テロが、アフガニスタンと米国で相次いで発生したのだ。

未曾有の同時多発テロの発生は、世界の注目を再びアフガニスタンに呼び戻した。テロの温床となったアフガン内戦の解決へ向け、世界は全力で国連の和平努力を後押しする決意を固めた。国際社会がその政治的意思の結集に成功すると、周辺国の干渉に強力な歯止めがかかり、二三年来の紛争に初めて本格的な和平の展望が開けた。

しかし、和平達成のために許された時間は短い。米国主導の対テロ戦争が勃発すると、タリバンの敗北や北部連合によるカブールの占拠など、事態が予想外の速度で急転し始めたのだ。ようやく訪れた和平への好機を逸さぬため、国連と時間との競争が始まった。

1　静かな暗殺者たち——マスードの死と危機の勃発

世界を震撼させた同時多発テロの始まりは、米国の世界貿易センターや国防省が攻撃された九月一一日ではない。それは二日前の九日、アフガニスタン北東部の名も知れぬ村で発生していた。世界のメディアを賑わした衝撃的な事件であったが、当時その重大性と平和への波紋を予見できた者は皆無であった。

その日、北部連合の実質的指導者であるアフマド・シャー・マスード司令官は、タハール県のクワジャ・バフウディンに在る飛行場に急いでいた。タリバンとの戦線の視察を終えた後、根拠地のパンジシール渓谷へ戻るためであった。

マスードを乗せた車がヘリコプターの発着場に近付くと、彼の目に二人のアラブ系「ジャーナリスト」の姿が映った。このマスコミ慣れした歴戦の英雄は、二人が予てから自分のインタビューを希望していたことを知っていたので、この機会に応じることにし、快く彼らを発着場近くの建物に招き入れた。

建物の一室に入ると、二人の「ジャーナリスト」は早速準備を始めた。インタビューを行う「記者」がフランス語で書かれた一五の質問を用意する一方、「カメラマン」がビデオカメラを三脚に乗せてマスードに近付けた。二人とも極めて冷静で、物静かであったという。部屋の雰囲気にも緊張感はなく、むしろ和やかであった。カメラの位置があまりにも低いので、マスードの側近が「われわれの膝か腹を写す気か？」と冗談を飛ばした。

平静は突然、青白い閃光によって破られた。準備が調い最初の質問にマスードが答えようとしたとき、カメラと「記者」の体に巻き付けてあった爆弾が炸裂したのだ。爆発は強烈で、「記者」と側近諸共、部屋全体を吹き飛ばした。マスードも右足、胸と頭部に重傷を負い、ほぼ即死状態であったという。「カメラマン」は負傷を逃れ、現場からの逃亡を試みたが、マスードの護衛と格闘の後に射殺された。

対ソ戦を含め二十余年の戦乱を生き抜き、その司令官としての類い希な実績から「パンジシール渓谷のライオン」と畏敬の念をもって呼ばれたマスードであったが、アル・カイダが持ち込んだ「自爆テロ」という新たな脅威を予測さえ出来なかった。生前、その軍事的才能を政治面で生かすべく、大統領職の兼任も考えた彼であったが、ついにその志を実現することはなかった。北部連合は当初マスードの死を秘し、遺体はヘリコプターで隣国タジキスタンに運ばれ安置された。彼の暗殺が公式に発表されたのは、後継者がマスードの副官を長く勤めたムハマンド・クァシム・ファヒム将軍と決まった九月一五日のことである(1)。享年四八歳。

後の調査で、この暗殺はアル・カイダの欧州の〝細胞〟の一つによって綿密に計画され、着実に実行されたものであったことが判明した。二人の暗殺者（チュニジア人とモロッコ人といわれる）は盗まれたベルギーのパスポートを携帯し、同年の夏にロンドン経由でパキスタンに入国した。彼らはその後、陸路を経てアフガニスタンに渡りタリバン支配地域に暫く止まった後、暗殺の二週間余り前にカブール北の前線を徒歩で越えてタハール県に入った。直ちにマスードとのインタビューを申し入れたが、断られたため、他の要人の取材などして時を過ごし、満を持して新たな機会を待った。

マスードの暗殺と、二日後に起きる対米テロ事件が連動していることは明らかだ。タリバンは九八年の夏に、ウズベク族やハザラ族の根拠地であるアフガニスタン北部と中部の制圧に成功し、パンジシール渓谷など北東部をかろうじて死守するマスード司令官率いるタジク勢のみが唯一の組織的抵抗勢力として残った。タリバンの全国制覇を阻む最後の障害を取り除くことが、同運動の最高指導者オマール師と、その庇護下にあるビン・ラーディンの共通の利害となったとしても、決して不自然ではない。

マスードの死は、当時タリバンと北部連合の間の調停を目指していた国連の和平活動に衝撃を与えた。暗殺が一挙に、強力な指導者を失った北部連合を滅亡の瀬戸際に立たせたためだ。アフガン内戦は、タリバンの全面的勝利に終わるかに見えた。

この目論見が成功しなかったのは、その直後に発生する対米テロの衝撃があまりに深刻で、アフガニスタンを取り巻く国際政治の枠組みさえも、一瞬のうちに変えてしまったためだ。米国の中枢を襲った同時多発テロは、米国のみならず、国際社会全体を反アル・カイダ一色に塗り替えてしまった。米国を中心とした国際社会の強烈な圧力にさらされると、それまでタリバンなどの紛争当事者を支援していた周辺諸国は政策の転換を余儀なくされ、一時的にせよアフガン内戦への干渉を全面的に中止した。国際社会は史上初めて、アフガン紛争の外堀を埋めることに成功したのだ。

国連では九月中旬以降、安全保障理事会と総会が相次いでテロ対策関連の決議を採択し、国境を越えて暗躍する国際テロと、その原因である民族・宗教紛争の対処のため、具体的な政治的、法的枠組み造りが始まった。

国家の経済と政治の中枢であるニューヨークとワシントンに、未曾有のテロ攻撃を受けた米国は、ビン・ラーディンなどテロの首謀者の引渡しを、タリバンに対して強固に要求した。しかし、タリバンは従来どおりビン・ラーディンらの引渡しを拒絶したので、米国主導の連合諸国は一〇月七日、タリバンとアル・カイダに対する空爆に踏み切った。マスード暗殺に始まったテロの連鎖は一転、オマール師とビン・ラーディンの滅亡に向け作用し始めた。紛争の外的側面の解決に加え、内的側面である内戦も、突然の終焉を迎えようとしていた。

2　和平への序章

カブール陥落迫る――空爆本格化の代償

「空爆の激化によりタリバンは急速に弱体化している。カブールの陥落はもはや時間の問題となった」

予想外の警告が、国連に対し一一月の第二週に発せられた。緊急協議のため国連本部を訪れていたブレア英国首相の特別補佐官が、予想以上に加速するタリバンの崩壊と、その結果として起こり得る政治的混乱の危険に、強い警鐘を鳴らしたのだ。

英国の警告は国連を狼狽させた。当時国連では「(北部の主要都市である)マザリ・シャリフはまだしも、カブールの陥落にはまだ暫く時間がかかる」との見方が大勢であったためだ。時をおかず同様の警告が米国からも発せられたが、事態の急迫は国連を「時間との競争」に追いやった。両国の意図するところが、政治的空白の回避を目的とした、タリバン後の暫定政権樹立に向けた国連の和平努力の加速の催促であることは、一目瞭然であった。

米国主導の空爆は当初、タリバンとアル・カイダ両組織の指揮命令系統、防空体制、通信網、兵器・弾薬の貯蔵所やテロリストの訓練所に限られていた。作戦が限定された理由は、タリバンとアル・カイダの壊滅という軍事的目的が、アフガン内戦の政治解決策が不在のまま先行した場合、将来の和平に悪影響を及ぼす可能性が懸念されたためである。事実、パシュトゥン多数派部族主体のタリバン以外で同国に存在する有力な政治・軍事組織は、タジクなど少数派部族の集まりである北部連合しかなく、他の諸勢力の政治的再編成の前にタリバンが消滅した場合、混乱は必至であった。

政治的合意の不在に最も深い懸念を現したのは、隣国のパキスタンであった。同国はタリバン政権を国家承認した数少ない国の一つであり、九四年の同運動発足以来、タリバンを陰に陽に支えて来た。ところが、米ブッシュ政権は事件発生後、ムシャラフ大統領に「テロ撲滅を目指す国際社会の側につくのか、それともタリバン支援を継続して敵となるのか」と迫り、アフガン政策の全面変更と、軍事作戦のためパキスタン領空の通過と飛行場の使用を強要した。

パキスタンは米国の要求を受け入れたが、その代わり、アフガニスタン北部の前線に展開するタリバン部隊への直接攻撃を、当面の間避けるよう要望した。これはパキスタンが当時、タリバン内の穏健派と、オマール師を中心とする強硬派の引き離しを画策しており、その成功のため時間を稼ぐ必要があったためである。

しかし、この思惑は成功しなかった。マスード司令官は生前に「オマール師が率いるタリバン指導部の統率は堅固であり、クーデターの可能性はほとんど無い」と喝破していたが、正にその通りになった。ちなみに、タリバンはパキスタンからの物心両面の援助により圧倒的な軍事勢力として君臨できたのだが、その支援も米国の圧力とムシャラフ大統領の決断により一〇月初旬には完全に枯渇し、同運動の生命線が絶たれた(2)。

「良きタリバン」によるクーデター計画が何時までも進展しないことに痺れを切らした米英両国はついに一一月初め、カブール北部の前線をはじめ、タロカンやマザリ・シャリフなどの同国北部の要衝に展開するタリバン部隊への全面的空爆に踏み切った。空爆は、B52重爆撃機による絨毯爆撃やレザー誘導による高精度爆弾の使用など、激烈なものであった。効果はてきめんで、空爆に呼応して進撃する北部連合の部隊を前に、タリバンは敗走の気配を見せ始めた。

カブールは結局、警告から一週間も経たない一一月一三日に陥落した。一部勢力による和平合意前の首都の制圧という事態を恐れる米国は、北部連合の主力であるタジク勢力との間で「カブールに進軍しても市内には軍を入れず、郊外に止まる」という約束を事前に取り付けていた。しかし、マスードを継いで司令官となったファヒム将軍はこれを無視し、一三日の早朝市街に軍を進め、事実上の占領を果たした。これは、イランなどテロ事件以前から北部連合を支援していた周辺諸国がタジク人勢力に、将来の和平交渉で有利な立場を確保するため、首都の制圧を既成事実化することを強く勧めた結果であったという。

カブールの陥落の直前には、一一月九日に北部の要衝マザリ・シャリフがウズベク族のドスタム将軍に、一一月一二日には西部のヘラトがイスマエル・カーンによって占領された。国連では安全保障理事会を通し、快進撃を続ける反タリバン勢力に対し「占領地での行動に国際社会は注目している。もし報復殺人など重要な人権侵害が犯されるなら、将来の新政権入りの障害となるであろう」と伝え、異例の警告を発した。

カブールの早期陥落は国連に、「既存の政治勢力に頼らず、なるべく多くの時間をかけて、広くアフガン市民社会の中から、新政権の参加者となり得る有為の人材を発掘する」という当初の和平方針の抜本的転換を余儀無くした。北部連合のカブール占拠が既成事実化した場合、南部のパシュトゥン族の間に不満が吹き出し、新たな紛争の火種となる危険が出てきたためだ。長年の紛争に加え、干ばつなどの自然災害に苦しむアフガン国民の窮状を、これ以上引き伸ばすこともできない。内部での激論の結果、この時点で国連がなすべき最優先課題は「(不完全ながらも) 暫定政権を一刻も早くカブールで立ち上げ、二三年にわたる内戦状態に終止符を打つこと」と決まった。

国連事務局では、対米テロ事件後再任されたラクハダール・ブラヒミ事務総長代表を中心として、和平会議の早期開催の準備が本格化した。ブラヒミはまず、国連のみならず、外部からも多くの専門家を招き、和平方針の骨子を固めた。その上で彼は、一〇月下旬から二週間をかけてイスラマバード、テヘランとローマを回り、周辺国政府の最高指導者や、ザヒル・シャー元国王と会談し、和平の進め方の最終的な詰めを行った。

その結果、国連は和平の基本方針として、（1）米国主導の対テロ戦争とは一線を画し、タリバン後のアフガン人勢力間の調停に集中する、（2）暫定政権の構成は原則としてアフガン人に任せるが、多数派であるパシュトゥン人の利害が十分反映されるよう考慮する、（3）内戦状態が解消していないため、いきなり国際監視下の総選挙を行うのではなく、民主的な国民和解政府の樹立まで十分な暫定期間を設ける、（4）暫定期間中には、ローヤ・ジルガ（国民大会議）などアフガニスタンの伝統的な政治制度を活用し、徐々に暫定政権に民意を反映させる、（5）治安の維持と政局の安定のために、部族間のバランスの取れた新アフガン国軍と警察の成育を和平の柱として支援する、（6）同時に、カブールなどでの当面の治安維持のために国際部隊を投入するが、アフガニスタンの現状に鑑み、軽武装の平和維持部隊（ＰＫＯ）ではなく、重武装の多国籍軍の派遣を検討する、（7）和平達成後に本格的な人道・復興援助に乗り出すが、アフガニスタンに駐在する国連職員の数は最低限にとどめ、実際の活動計画の立案や実施はなるべくアフガン人に任せる、などの大筋を一一月の末までに決定した。
カブールの陥落後も、タリバンは敗走を続けた。タリバンの政治・軍事勢力としての存在は、一二月七日に同運動の発祥地である南部の主要都市カンダハールが陥落したとき終りを告げた。

米アフガン政策の急転換

米国も必死であった。対米テロの源がアフガニスタンであるとの疑いが強まると、それまで印・パ紛争や核拡散問題の影に隠れ、米国外交の中で二義的な重要性しか与えられていなかったアフガン問題は、一挙に最重要課題に引き上げられた。国連政策も激変を免れず、ブッシュ共和党政権は、国連活動への全面的支援など、アフガン和平に向け、政治面で従来にない積極性を見せ始めた。

国連は一〇月一七日、米政府と今後の和平活動の段取りの協議のため、ブラヒミ代表を急遽ワシントンに派遣した。通常、米政府は国連特使を国務次官補のレベルで対応するが、今回はディック・チェイニー副大統領やリチャード・アーミテージ国務副長官など、外遊中のブッシュ大統領やパウエル国務長官を除き、当日ワシントンに居合わせた最高レベルの指導者が国連代表を迎えた。

チェイニー副大統領との協議はホワイトハウスで二二分間にわたって行われたが、話題はタリバン後のアフガン情勢に絞られた。この中で副大統領は「アフガニスタンで安定した新政権を打ち立てるためには国際社会の首尾一貫したアプローチが必要だ」と強調し、国連に和平活動など政治面での主導権を取るよう要請した。チェイニーとの協議の直前、国家安全保障会議（NSC）の幹部が「ソ連軍が撤退すると同時に米国はアフガニスタンから手を引いたが、それは余りに近視眼的な政策であった」と過去の誤りを認め、今度こそは安定したアフガン政権の誕生を見届ける決意を表明した。

アーミテージの考えも同じであった。彼は「(米国がアフガニスタンから手を引いた)九〇年代初めの誤りを繰り返してはならない」と自戒すると共に、二度と米軍が同地域に戻らないためには、アフガン問題の政治的解決しかないとの考えを強調した。そのうえでアーミテージは、紛争の政治的解決を達成するため、国連との全面協力を確約した。彼はまた、進行中の軍事作戦の目的がアル・カイダの壊滅とそれを庇護するタリバンの「首を切り落とす（decapitate：タリバン幹部など中枢を壊滅させるが、一般兵士は同列には扱わない)」ことであるとし、その達成のため後者の支援国と目されるパキスタンに相当の圧力をかけていることを説明した。

米政権がアフガン内戦解決のため、国連に最大限の政治的協力をする用意があることは明らかであった。それまでアフガニスタンは、米国の南アジア政策全体の中で二義的な重要性しか与えられなかったことを考えると、画期的な政策転換だといえよう。政策転換の効果はてきめんで、ブッシュ政権の国連政策全般にわたって重要な変化が生じた。テロ事件発生後、ブッシュ政権はそれまで空席であった国連大使を急遽任命し、議会も国連への滞納金の一部の支払いを認可した。

しかし反面、米国の指導者は、軍事面で国連の和平活動を支援するつもりが一切ないことを明確にした。チェイニーやアーミテージは国連代表に対し、対テロ戦闘終了後米軍は、ＰＫＯや多国籍軍を含め、アフガニスタンで一切の軍事作戦に関わる意思のないことを伝えた。これは後に国連が、対テロ戦争を目的とした米主導の連合軍とは別に、和平活動の支援のための多国籍軍をアフガニスタンに展開することを決めたとき問題となった。当初、この国際治安支援部隊（ＩＳＡＦ）と呼ばれる多国籍軍は、カブールを含む全国主要都市での展開を予定していた。ところが、米国が当初、ＩＳＡＦの全国規模の展開への支援を拒否したため、部隊の展開がカブールに限定されてしまったのだ。

国連の国家再建活動（nation-building）に対する米国の嫌悪感は、ソマリアでのＰＫＯ活動の挫折以来、共和党や軍部を中心に根強く残っていた。根底にあるのは「唯一の超大国である米国は、その圧倒的な経済や軍事力を背景に、国連に頼らずとも自らの繁栄と安全を保障できる」という、典型的な単独行動主義（unilateralism）の考え方だ。ＩＳＡＦの全国規模の展開への逡巡に見られたように、国連和平活動に対する軍事的協力を含めた直接関与への抵抗は、米国の中で根強く残っている。

3　ボン和平会議

和平会議のボン開催が決定

和平会議の開催地がボンに決まったのは、アフガン和平に対するドイツ政府の地道な努力と、軍事情勢の加速に伴う早期和平の必要性の増大という幸運がもたらした結果であった。当時、和平会議を東京に誘致する努力を中断していた日本は、結果として好機を逸することになった。

会議の候補地としては当初、サウジアラビアやアラブ首長国連邦など、地域のイスラム教国が有力であった。しかしこの案は、「タリバンを支援した国での交渉には応じない」という北部連合の主張で立ち消えになった。また、北部連合が提案したカブールでの開催案も、「一部の勢力の支配下での和平会議開催は政治的に好ましくない」との懸念で、採用されなかった。その結果、国連組織があるジュネーブかウィーン、或いは他のヨーロッパの国々が候補地として残った。

ボンでの和平会議開催が事実上決まったのは、一一月一五日にニューヨークの国連本部で開かれた、米・伊・独・イランの四カ国会議の場であった。ここでドイツ代表が、同国でたびたび開催されたアフガン関連協議やセミナーなど、それまでの国連活動への協力の実績を背景に、和平会議の誘致を申し出た。これを米国とイランが積極的に支持し、流れが決まった。この「ジュネーブ・イニシアチブ」と呼ばれる会議は、ザヒル・シャー元国王率いる「ローマ・グループ」など、亡命中のアフガン人組織の活動を支援するため、国連によりジュネーブで設立された非公式の集まりだ。日本政府はそれまで「ジュネーブ・イニシアチブ」への参加を働きかけていたが、ローヤ・ジルガ（国民大会議）開催を唱えるアフガン組織支援の実績が無いことを理由に参加を断られ、和平会議誘致への足がかりを失った。

和平会議に参加するアフガン組織の決定は苦渋に満ちたものであった。既存の政治勢力のどれを取っても、真にアフガン国民を代表するものとは言い難かったためである。タリバンとの戦闘を戦い抜き、現実に首都カブールを含め国土の半分近くを実効支配する北部連合の参加は当然としても、他の候補者はその正統性に疑問を抱かせる者が多かった。結局、ザヒル・シャー元国王を戴き、ローヤ・ジルガ（国民大会議）開催による新政権樹立を目指す「ローマ・グループ」と、同様の主張を掲げイランからの支援を受ける「キプロス・グループ」、一〇月下旬に親パキスタンのパシュトゥン人の間で急造された「ペシャワール・グループ」の参加が決まった。各グループの力関係に考慮し、北部連合から一一人、ローマ・グループから八人、キプロスとペシャワール・グループからはそれぞれ三人が和平会議の正式参加者として招待された。

北部連合以外の三グループの構成員のほとんどは、内戦を逃れて亡命生活を送っており、国内で領地を支配したり兵員を動かすなど、実際の政治的影響力を行使し得る実力者はほとんどいなかった。わずかな例外の一人は、九二年に発足したムジャヒディン連合政権下で外務次官を務めたハメッド・カルザイで、彼は一〇月中旬からタリバンの根拠地である南部の都市カンダハールの周辺に潜入し、反タリバン勢力の糾合を目的とした活動に従事していた。カルザイは、南アフガニスタンを拠点とするデュラニ・パシュトゥン族の出身で、デュラニのサブ・グループで五〇万人余りの構成員を誇る名門ポパルザイ族の頭領の家に生まれた。このため、タリバン後の穏健なパシュトゥン族の代表を求める米国の眼鏡にかない、全面的な支援を受けるに至った。(3)

カルザイと同じような経歴を持ち、東部パシュトゥン族の間で人望の高かったアブドゥル・ハク元司令官は、ボン会議への出席を果たすことができなかった。彼は、カルザイと同時期に、反タリバン運動を組織するため東部のラグマン県に潜入したが、タリバン兵士に捕らえられたうえ、一〇月二六日に処刑されていたのだ。急を聞いた米軍は、無人偵察・攻撃機プレデターを急派してハクの救出を計ったが、手遅れであった。ハクの居場所をタリバンに密告したのは、彼が支援を求めたパシュトゥン族の同胞であったという。

ハクは対ソ連戦時代の八〇年代後半、カブール戦線を担当するムジャヒディンの司令官として勇名を馳せた。人物を見る洞察力が鋭く、指導者としての資質は自他共に認めるところであった。冷戦後は政治の第一線から身を引き貿易業に携っていたが、ローマ・グループの有力な支持者として、国連の和平活動に積極的に協力した。そのためにか、タリバン支持者の間で恨みを買い、九九年には妻と一一歳の息子が、彼の留守中にペシャワールの自宅で暗殺されている。「奴ら（タリバン）のしたことは卑劣だ。なぜ俺自身を狙わなかった」と、ハクは後年国連関係者に無念の思いを語った。そんなハクを今回の無謀ともいえる行動に駆り立てたのは、ようやく巡ってきた平和の好機を逃すまいとした焦りなのか、ムジャヒディン司令官としての誇りと自信なのか、それとも、先立った妻子への断ち難い思いであったのか、今となっては知る由もない。享年四三歳であった。

ガルザイ移行政権は二〇〇二年六月、アブドゥル・ハクに、先に暗殺されたマスード司令官と同様の「国民的殉教者」の称号を与えることを決めた。東部パシュトゥン族の間での彼の人望を考えると、妥当な措置といえる。

ボン和平会議始まる——決裂の危機

和平会議は、旧西ドイツの首都ボンの郊外に位置し、ライン川を見渡す小高い山の頂上に在る迎賓館で、二〇〇一年一一月二七日から始まった。山裾から宿舎も兼ねた会議場まで通じる道路は、厳重な警備で幾重にも固められ、マスコミなど外界の影響から完全に隔離された環境が作り出された。

和平の行方に対する国際社会の関心は旺盛で、日本を含む二〇カ国からの外交団と、計九〇〇人にのぼるジャーナリストが、この西部ドイツの閑静な都市を賑わした。なかでも、アフガニスタン内で反テロ戦争を継続中の米国の意気込みは凄まじく、ドビンズ反タリバン勢力担当大使と国家安全保障会議のカリルザド局長を筆頭に、二十数名から成る大外交団をワシントンから送り込んだ。

会議の初日は大きな問題に遭遇することもなく順調に進んだ。国連が当初提示した和平案では、新政権は二〇〇―三〇〇人の代表から成る国会に当たる「暫定評議会」と、二〇―三〇人の閣僚から成る内閣に当たる「暫定行政機構」の、二つの機関によって構成される予定であったが、大きな反対はなかった。参加四グループとも、会議の開催に尽力した国連とドイツ政府に感謝の意を表するとともに、各勢力が自己の利害より国家全体の利益を優先し、この和平達成の機会を最大限に利用する責任を確認した。とりわけ北部連合のユーニス・カヌーニ代表は、新政権への権力委譲を確約するなど、会議は順調な進展を約束されたかに見えた。カンダハール周辺での軍事作戦に従事していたため参加できなかったカルザイは、会議の冒頭、衛星電話を通じて声明を読み上げ、カブールでの暫定政権樹立への全面支持を明らかにした。

　ところが、良好な滑り出しにもかかわらず会議は二日目以降停滞し、目だった進展は見られなくなった。当初、停滞の理由ははっきりしなかったが、北部連合の「過大な要求」にその原因を求めるのが一般的であった。カヌーニは国連との非公式会談の中で「参加者の中でわれわれ（北部連合）だけが実際に領土を支配しているのに、何故他のグループに譲歩する必要があるのか」と本音を語り、非妥協的な姿勢を示した。

　一方、ローマ・グループなどは、最初こそ元国王の権威を背景に威勢が良かったが、北部連合の強固な姿勢に直面し、動揺の兆しを見せ始めた。このため国連や外交団は、彼ら少数派グループが不当な妥協を呑まないよう目を光らせた。これは、仮に和平合意ができたとしても、その内容が一勢力にとって圧倒的に有利で、南部のパシュトゥン族など他の勢力の利害を無視するものであれば、長続きするはずがないからだ。北部連合の中でも、主導権を握るタジク族に対し、ウズベク族やハザラ族などの間で不満が高まっており、東部パシュトゥンを代表する参加者の一人は「パシュトゥン族が正当に代表されていない」ことを理由に、会議を中途でボイコットした。

　膠着状態は四日目に入っても改善する兆しを見せなかったが、この頃までに非公式折衝などを通し、北部同盟が包括的和平合意を渋る本当の理由が鮮明になった。それは、タジク人勢力の中で台頭してきたカヌーニ代表など旧マスード派の若手の指導者に対し、ラバニ大統領やイスラム統一体のサヤフなどの老練な守旧派が、ボンで実質的な合意をしないよう強い圧力をかけたためであった。両者はマスードの生前は影が薄かったが、後者の暗殺後、外交上の知名度やイスラム諸国との個人的関係を利用して、北部連合内での巻き返しを画策していた。そんな彼らにとって、ボン会議の成功は、カヌーニなど旧マスード派の若手による実権の掌握につながり、なんとしても避けねばならぬことであった。

同じ頃、ボンに派遣されていたロシアとイランの外交団から国連への接触があり、「拙速の愚を犯さず、ここは一旦会議を中断してはどうか」という〝忠告〟がなされた。彼らによると、会議の中断の間に、ロシアとイランが「ラバニなどの守旧派に影響力を行使して話をまとめる」とのことであった。米国主導の和平を警戒する両国が、ボン会議の成功を遅らせるため、予ねてから支援していたラバニなど北部連合の守旧派としめし合わせ、同じダンスを踊り始めたことは、火を見るより明らかであった。

交渉の四日目の夜から五日目の朝にかけて、会議は決裂の危機に瀕した。カヌーニ北部連合代表は「ラバニやサヤフが、ボンでの合意は暫定政権の枠組みなど原則論に留め、閣僚名簿作成などの具体的な案件は祖国に一旦戻ったうえで（彼等と相談して）決めるべきだと主張して譲らない。彼らはまた、元国王の如何なる役割にも反対している。私に彼らの意向を無視する権限はない」と、泣きごとも取れる訴えを行った。その上で彼は、（1）会議を一旦打ち切ったうえ、後日カブールか第三国で再開して閣僚名簿に合意する、（2）彼がブラヒミ代表と共にボンからカブールへ直行し閣僚名簿を決定する、という二つの妥協案を提示した。

国連は二つの案を慎重に検討したが、どちらも到底受け入れられるものではなかった。ボン会議の目的が「一刻も早く暫定政権を発足させ内戦状態を終結させること」であることは、会議の前にカブールで現地の国連代表が北部連合の指導者に詳しく説明し、彼らの明示の了解を得てあった。この期に及んで会議の大前提の変更は、ラバニら守旧派の延命を目的とした遅延策と見る以外になかった。国連は両妥協案の拒否をカヌーニに伝えるとともに、カブールと今一度衛星電話で相談の上、翌一二月一日の朝までに、包括的和平合意に向けた誠意ある回答を出すことを求めた。国連代表団は一方で内々に、新政権を立ち上げるためどうしても必要な暫定行政機構の閣僚名簿の作成を、妥協の最低限の条件とすることを決めた。主張が通らない場合、ブラヒミ代表が直ちに会議の閉会を宣言する手筈であった。

和平会議が座礁しかけたと見るや、加盟国は傍聴席の「応援団」という建て前をかなぐり捨て、全面的な国連支援に乗り出した。瀕死の和平を救うため、一一月末日から一二月一日の未明にかけてボンとカブールの双方で、アフガン人当事者と国連や関係国政府を巻き込んだ、複雑で重層的な外交折衝が行われた。

カブールのラバニ大統領自身、国連のみならず、米・英・独などの代表との交渉のため衛星電話に釘付け状態で、様々な圧力や説得に晒された。米国代表との電話交渉は一時間近く連続して行われたが、会話の最後にはラバニは発言が支離滅裂になるほど追い詰められていたという。カヌーニに対して国連は「(タジク少数派部族の利益を優先し過ぎたため部族間の対立が頻発した)ムジャヒディン連合政権の過ちを繰り返すのか、それとも国際社会と協力して和平と安定を達成するのか」と厳しく問い詰め、守旧派の影響から脱却するよう決断を迫った。他のアフガン人参加者にも「今回（ボン）が、最初で最後の和平のチャンスだ。このチャンスを最大限に利用するべきだ」と迫り、会議の進展への協力を要請した。

圧力をかけたのはアフガン人当事者にとどまらなかった。北部連合を支持するロシアやイランに夜半、外相レベルでの活発な働きかけが米国やドイツから行われた。両国の立場は当初、ラバニやサヤフの考えに同情的であったが、一夜を通しての仮借ない説得の前に、柔軟化の気配を見せ始めた。

長く重苦しい一夜が明けた一二月一日の朝、カヌーニはやつれ果てた表情で国連代表の前に現れた。そして彼は、（1）暫定行政機構に限り閣僚名簿作成に合意する、（2）暫定行政機構の議長は元国王が指名する（したがって、ローマ・グループに属し南部パシュトゥン族出身のカルザイが議長に就任することを黙認することを暗示）、（3）元国王を緊急ローヤ・ジルガ開催のため近い将来アフガニスタンに招待する、という大幅な譲歩を盛り込んだ新たな案を示した。二三年にわたるアフガン内戦に終止符が打たれ、和平への展望が押し開かれた瞬間であった。

和平案の合意

現状打開を受け、国連は直ちに和平合意書の作成に取りかかった。参加四グループに対しては、閣僚候補者の名簿を提出するよう要請がなされた。

和平合意書の大筋は、一二月三日の未明までに固まった。その骨子は、（1）暫定政権は（内閣に当たる）暫定行政機構、緊急ローヤ・ジルガ（国民大会議）の準備委員会、最高裁判所の三本柱で構成され、一二月二二日にラバニ前政権から権力を委譲される、（2）暫定行政機構は、議長一人、副議長五人と二四人のメンバーで構成、（3）ボン和平会議の参加者は国連の安保理に対し、カブールなどの治安維持協力のため多国籍軍の早期展開を要請する、（4）緊急ローヤ・ジルガは暫定政権発足後六カ月以内に招集され、ザヒル・シャー元国王が開会する、（5）緊急ローヤ・ジルガで暫定政権に代わり（より民主的な）移行政権を選出、（6）移行政権設置から一八カ月以内に正式ローヤ・ジルガを招集し、新憲法を制定、（7）緊急ローヤ・ジルガから二年以内に自由で公正な選挙を実施し新政府を設立、（8）暫定・移行期間中、カブールをはじめとする治安の維持を助けるため、国連安保理に国際部隊の派遣を要請する、となった。[4] つまり、合計二年半の暫定・移行期の間に、暫定政権→移行政権→正式の新政府、の三段階の調整があり、民主的で安定した政治制度の確立が段階的に試みられる。[*] それぞれの節目でアフガン国民は、国民大会議や新憲法に基づいた総選挙を通し、自らの代表を選ぶ機会を与えられる。[5]

（＊）ボン和平合意のプロセス

暫定政権　（主たる任務：新政府の立ち上げ）

↓　六カ月以内

緊急ローヤ・ジルガによる移行政権の樹立（新憲法の草案作成と政府機関の設立）
　←　一八カ月以内
正式ローヤ・ジルガ開催（新憲法の制定）
　←　六カ月以内
新憲法下での自由選挙と新政府の誕生

ボン会議での合意は、一般的な意味での和平協定ではない。というのも、合意自体が和平の最終形態を明示するわけでも、安定した民主政府の誕生を保証するわけでもないからだ。

ボンで達成されたことは、平和と安定という究極の目的を、二つのローヤ・ジルガ（国民大会議）などの過程を経て、国際協力の下に段階的に実現するための具体的な手続きと、その実施の順序を定めたプロセスだ。暫定政権や移行政権の樹立は、その道程の第一歩にすぎない。和平プロセスの各段階で、アフガン国民の民族和解と民主化に向けた真摯な努力と、それを支える国際社会の全面的な協力が不可欠なことは言うまでもない。

民主化のそれぞれの段階で国連は、アフガン政権に対し助言や財政援助などあらゆる形の協力を行うが、政権運営の主導権はあくまでアフガン人自身の手中にある。この点において同国における国連の和平活動は、カンボジアや東ティモールで実施した国連による暫定統治と本質的に異なる。これは、（1）軍事情勢の急展開により、カンボジア紛争解決につながったパリ合意のような、和平の最終形態を示す包括的合意を交渉する時間的余裕がなかった、(2)国土が広大で、いまだ内戦状態の終わらないアフガニスタンは、国連の暫定統治になじまない、などの理由による。移行期間中、長年の紛争で破壊し尽くされたインフラと経済基盤の再建・復興活動が、国際社会の全面協力のもとに行われる。

暫定行政機構の議長と閣僚の決定

比較的スムースに進んだ和平合意書の交渉に比べ、暫定行政機構の議長の選出と閣僚名簿の作成は難航を極めた。

暫定行政機構の議長の決定権を与えられたローマ・グループは、小躍りして喜んだ。しかし、彼らの眼中にあった候補者は、国際社会にとって受け入れ難い者であった。選出が始まる前、国連や米・英・独の外交団は予めローマ・グループの指導者達に「(暫定行政機構の)議長は、南部のパシュトゥン族出身者が望ましく、同時に、タジク族など北部連合を構成する少数派部族にも受け入れられる者であるべきだ」と忠告していた。これは、パシュトゥン族の代表が暫定政権の長となり、軍事など実質的な力を握る北部連合と協調して政権運営に当たることが、政治的安定のために不可欠だと判断されたためだ。

ローマ・グループはしかし、この忠告に耳を貸さず、グループの代表で長年元国王の顧問を勤めたウズベク系のアブドゥル・シラトを議長候補に指名した。(6) シラト自身の政治的野望と、グループの政党としての結束力の弱さが、大局的見地からの決断を妨げた結果であった。シラトはカルザイを「若輩で、米国と国連の操り人形にすぎない」と蔑み、最後まで候補を辞退することに抵抗した。彼は結局、外交的圧力に屈しカルザイに道を譲るが、最後まで続いた彼のなりふりかまわない抵抗は、グループ内での亀裂や国連との関係悪化など、後に大きな禍根を残した。

閣僚名簿の作成は、議長の選出以上に困難を伴った。五名の副議長を含む二九名の閣僚を決めるため、国連は各グループに一〇人から一五人の「有能で人格の高潔な」候補者を提出するよう求めた。しかし彼らは期待に反し、独自で候補者の選択をせず、グループ内の諸派閥の要求するままに、多くの不適格者を含めた合計一五〇に上る大量の候補者名を国連に提出した。不適格者の中には、過去に汚職の嫌疑を受けた者や、戦争捕虜の殺害など重大な人権侵害を犯した疑いのある者もいた。

名簿の原案の作成には丸一日を要した。原案は結果として、国土の半分近くを実効支配する北部連合に重きを置いたものにならざるを得ず、最重要の省庁で国軍を支配する国防省、警察権を握る内務省と外交を司る外務省の三省は、それぞれ現職であるファヒム将軍、カヌーニとアブドゥラが引き継ぐことになった。北部同盟の閣僚数は和平合意書の調印予定日の朝まで続く連続の徹夜交渉の結果、未明の午前三時までに一七にまで押さえ込まれたが、「北部同盟偏重」への反発は強く、パシュトゥン系の代表二人が抗議のため交渉の席を離れた。他のグループの最終的な配分は、ローマ・グループが一一（議長を含める）、ペシャワール・グループが二となった。キプロス・グループは当初二席を与えられていたが、最終段階で暫定行政機構への参加を辞退した。民族別配分は、一一人がパシュトウン、八人がタジク、五人がハザラ、三人がウズベク、残りが他の少数部族となった。閣僚の中で、副議長兼女性問題担当相と厚生相には、それぞれＮＧＯや医療活動で実績のある女性の就任が決まった。

名簿作成の最後の山は、同日午前四時に訪れた。北部同盟代表のカヌーニが再び、閣僚名簿に署名することを逡巡したのだ。国連代表は直ちに、米、英、独などボンに集まっていた主だった外交団を叩き起こし、カヌーニの再度の翻意を促さなければならなかった。

和平合意の署名

徹夜明けの一二月五日、調印式を三時間後に控えた午前六時三〇分から最後の折衝が行われ、四グループは閣僚名簿に最終合意した。ローマ・グループ代表のシラトは苦渋に満ちた表情で「われわれは和平案に満足しているわけではないが、祖国の平和、何百万人にものぼる戦争の犠牲者、国際社会の期待を思うと、今回の会議を決裂させることはできなかった」と述べ、署名に応ずる意向を明確にした。北部連合のカヌーニ代表は「皆が完全に満足していないことは承知しているが、この和平案が平和への確かな第一歩であることに変りはない」と明言し、和平合意の履行を全面的に支援することを約した。

折衝の終りに北部連合のサヤフ派の代表が「閣僚名簿作成など、国家の運命に関わることを国外で行うことにどうしても同意できない。なぜ国連はカブールでの和平会議開催を拒むのか」と食い下がった。これに対し国連代表は「全くその通りだ」といなした上で、「しかし、国の運命に関わる会議を国外でせざるを得なかったこの悲劇を二度と繰り返さないためにも、われわれは今こそ（和平案に調印し）平和への第一歩を踏み出す必要があるのだ」と続け、鋭く切り返した。

ドイツのシュレーダー首相とフィッシャー外相が見守る中、閣僚名簿を添付した和平合意書に、会議に参加したアフガン人代表全員とブラヒミ代表が署名した。ブラヒミ代表は署名後「この和平合意は、緊急の事態に対処するため急いで達成されたもので、完全ではないかもしれない。会議に参加した四グループがアフガン国民を代表しているわけでもないし、今回達成された合意が全ての問題の解決につながるわけでもない……合意が為し得ることは（内戦状態を終わらせることにより）アフガン国民に真の民主的政府を打ち立てるための機会を提供することだ」と述べ、生まれたばかりの和平プロセスを守り立てるため、国際社会がアフガニスタンへ十分かつ継続的な援助を与えるよう要請した。

署名後、一同は記念撮影のため裏庭に出た。参加者は皆、三日にわたる徹夜で疲れ果てた表情で写真に収まった。背景には何処までも続くライン川と、その対岸の平野のパノラマが広がっていた。一瞬の間、雲に覆われた年末の陰鬱なドイツの空に割れ目が生じ、仕事の終わった交渉者たちを照らし出したが、光は瞬く間に雲間に飲み込まれていった。

注

（1）　ファヒム将軍は、マスードの副官を長く勤めたが政治的には無名に近い存在であった。マスードの生前ファヒムは、前線での指揮に専念することが多く、国連との和平交渉など、外交の表舞台に出ることはほとんどなかった。マスードに代わり北部連合の司令官になった後も、ファヒムが外交交渉に関わることはまれで、彼の政治的な立場や力量に関し不明な点が多い。

（2）　The New York Times などによると、パキスタン軍部のタリバンに対する武器などの軍事支援が完全に終わったのは、米国による空爆が始まった一日後の一〇月八日である。

（3）　カルザイと国連の関係は、彼が外務次官であった九二年以降から緊密であった。タリバンが台頭した当時、カルザイは一時タリバンの国連代表になることを求められるなど、タリバンと遠からぬ関係であった（カルザイはタリバンの申し入れを拒否）。しかし、タリバンが勢力を拡大するに従い、カルザイとの関係は悪化し、後者をローマ・グループの支持に走らせた。九〇年代終わりに、ポパルザイ族の頭領であった彼の実父がタリバン支持者と見られる者によってパキスタン西部のクエッタで暗殺されると、カルザイは公然と反タリバン運動に身を委ねるようになった。同時多発テロ事件が勃発する三カ月前の二〇〇一年六月、カルザイは国連担当官とイスラマバードで接触し、タリバンの拠点であるカンダハール周辺に近い将来潜入して、デュラニ・パシュトゥン族を中心に反タリバン勢力を糾合した上で、武装蜂起する決意であると伝え、タリバン打倒後の祖国のあり方に関し、熱い想いを語った。

（4）　ボン和平合意で暫定・移行政権の法的基盤として認められた一九六四年の憲法は、ローヤ・ジルガついて、平時に憲法の制定など国家の根幹に関わる事項を決定する正式ローヤ・ジルガと、戦時などの非常時に暫定的な対策を協議する緊急ローヤ・ジルガの二種類があるとし、具体的な手続きを定めている。緊急ローヤ・ジルガの開催のため条件は、正式なものより柔軟で、より少ない代議員によって、場合によっては国外で開催することも可能だ。緊急ローヤ・ジルガに招集される代議員の総数は当初五〇〇から六〇〇人を予定していたが、アフガニスタン側の意向で、正式ローヤ・ジルガ並みの一六〇〇人規模となった。

(5) ボン和平合意の全訳は本書の付録を参照。英語の原文は事務総長報告書 S/2001/1154 の付録を参照。二〇〇一年一二月五日提出。

(6) 暫定行政機構の議長の選出にあたり、ローマ・グループは最初、ローマで待つザヒル・シャー元国王に電話で伺いを立てた。しかし、元国王は独自の判断を下すことができず、グループはボン会議の代表団の中で選挙を行い、議長候補を決めることにした。その結果、シラトが一一票、カルザイが二票、その他の候補が一票を獲得したという。

第八章　新生アフガニスタンの誕生

ボン合意を受けて二〇〇一年一二月二二日に暫定政権が、続いて翌年の六月二二日には移行政権が発足し、アフガニスタンは平和と安定への確かな一歩を踏み出した。国連も時をおかず、和平活動と人道・復興支援活動の双方を統括する国連アフガニスタン支援団（UNAMA：UN Assistance Mission in Afghanistan）を発足させ、和平プロセスの包括的な支援体制を整えた。

しかし、内戦状態こそ終息したものの、端緒に着いたばかりの和平への道程は遠く、険しい。中央アジアの情勢も予断を許さず、原油などの天然資源や中国の台頭を軸に、第三のグレートゲームの勃発さえも予想される。

試行錯誤を重ねたアフガニスタンでの国連和平活動は、国際社会に多くの貴重な教訓を残した。アフガニスタンのような「忘れられた紛争」を二度と生み出さぬため、国際社会は一体何ができるのか。すべての紛争にあまねく対処できる普遍的安全保障体制の構築に向け、日本などの中堅加盟国がもっと主体性を発揮し、国連和平活動全般に一層の関与と協力を行うことが期待されている。

1　暫定政権と移行政権

政権委譲――生者と死者

旧政府から暫定政権への政権の委譲が、ボン合意に沿って一二月二二日にカブールで行われた。政権委譲の式典は朝の一一時から内務省の講堂で行われたが、各国政府や国連の代表団、アフガン新旧政府指導者、各地方の代表など二〇〇〇人余りが参加した。

準備期間が短かったにもかかわらず、式典は大きな滞りもなく、コーランの朗読と国歌の斉唱で始まった。国歌斉唱のために参加者全員が立ち上がったが、舞台の上で聴衆に向き合うように並んでいた暫定政権の閣僚達は皆、高揚と緊張を隠し切れなかった。ほとんどが長年の戦乱を生き抜きこの日に臨んだ歴戦のつわものたちだったが、アブドゥラ外相やハジ・カディール都市開発相などは感極まったのか、子供のように大粒の涙を流しながら歌い続けた。(1)

続いて国連、欧州連合（EU）、イスラム諸国会議機構（OIC）の代表と引退するラバニ大統領が祝辞を述べた。ラバニ大統領は「この様に平和裏に政権の委譲がわが国で行われたのは、歴史上前例のないことだ」と絶賛し、ボン和平合意の支持を確認するとともに、国連の和平努力に感謝の意を表した。続いて新指導者となるカルザイが演壇に立ち「新たな時代の夜明け」を高らかに宣言した上で、「外部者によって焚き付けられてきた分裂や相互不信を今こそ克服しよう」と国民に訴え、民族間の和解に基づいた民主政府樹立の必要性を説いた。式典の終りに、カルザイ議長と暫定政権の閣僚の宣誓就任が行われた。

式典は、生者のみならず、死者の参加によって進められた。近代化を梃子にアフガニスタンの再生と自立を夢見て、三〇年にわたる激動の中で命を散らした者たちも、生き延びた者たちと共に、この日を迎えた。

舞台の中央に据えられたラバニ大統領のすぐ横の席は空いたままで、マスードの写真が置いてあった。彼の名が演説者によって語られる度に、タジク人と見られる聴衆の間から大きな歓声が起こった。席こそ設けられなかったが、反タリバン運動の組織のためアフガニスタン東部に潜入後捕らえられ、つい二カ月前に非業の死を遂げたパシュトゥン族の指導者アブドゥル・ハクの名も囁かれた。「奴さえ生きておれば、タジク人にこんなに大きな顔をさせないのに」と、その声は呟いているように聞こえた。

生者の中では、最後に新閣僚を代表して挨拶をしたカヌーニ内務相が一段と大きな喝采で迎えられ、新政権の事実上の最高実力者であることを遺憾なく示した。

式典を通して、カブールを実効支配する北部同盟、特にタジク人勢力の強い影響が、至る所に露骨に現れていた。暗殺されたマスード司令官の巨大な肖像画が舞台の背景に張られ、暫定政権の閣僚や聴衆を見下ろしていたばかりでなく、斉唱された国歌や掲げられていた国旗はラバニ政権時代のものであった。タジク兵に守られた式典の運営は、全て彼らが使用するダリ語で行われ、パシュトゥ語が使われることはなかった。

ゼロからの出発

暫定政権は無事発足したが、全てはゼロからのスタートであった。和平の端緒に着いたばかりのアフガニスタンの歩むべき道は、気が遠くなるほど長く険しい。

新省庁二九の内、独自のビルやオフィスを持っているところは幸運な方で、女性問題担当相など幾つかの大臣は、空き部屋探しが最初の仕事となった。大臣自身の宿舎も不足し、公共事業大臣と辺境地域担当大臣などは最初の数週間、水しか出ないホテルで相部屋生活を経験した。広報に関わる或る閣僚は家族を欧米に残しており、「大臣の給与だけではとても家族の生活費にならない」と国連に泣きついた。閣僚のほとんどは車を持たないので、国連の事務所に来るときは、何時もカローラのタクシーを利用する。

国連は暫定政権を無事立ち上げ、次の移行政権に続けるため、(1)軍・治安部隊を除く国家・地方公務員(推計二一万人)への給料の支払い(滞納五カ月分と向こう六カ月分)のための資金援助(約六五〇〇万ドル)、(2)有能で中立な公務員の採用と維持のため、シビル・サービス委員会(アフガン人有識者七名で構成)を設置して公務員の採用基準と採用後の行動規範を定める、(3)車、電話、コンピューターなど政府業務に必要な最低限の備品の供与と各省庁ビルやオフィスの補修のための資金供給、など様々な緊急援助を発足直後から行った。

これに加え、ボン合意に沿って緊急ローヤ・ジルガの開催を準備するため、ローヤ・ジルガ準備委員会が設置された。委員二一名は、アフガン各地の宗教指導者や有識者など、人望と影響力は有るが党派性の薄い人材の中から、国連と暫定政権の密接な協議を経て選ばれた。

国連はボン合意の履行を助けるため四月一日に、それまで和平活動を推進していた国連アフガニスタン特別ミッション（ＵＮＳＭＡ）と人道・復興支援部門を統合し、新たに国連アフガニスタン支援団（ＵＮＡＭＡ）を発足させた。アナン事務総長は、ブラヒミ代表を初代の所長に任命し、二三〇名余りのＵＮＡＭＡ職員の指揮を任せた。カブールに本部を置くＵＮＡＭＡは、多国籍軍であるＩＳＡＦとは協力関係にあるものの別組織なので、当初ＰＫＯとは見なされず、国連事務局の政治局が統括する「政治ミッション」として活動を開始した。

移行政権の発足

緊急ローヤ・ジルガ（国民大会議）はボン合意どおり、六月一一日から九日間にわたって開催された。その結果、暫定行政機構の議長であるハメッド・カルザイが大統領に選出され、正式ローヤ・ジルガまで一八カ月間続くことになる移行政権が、六月二二日に発足した。

緊急ローヤ・ジルガには、アフガニスタン各地や、世界中に離散した難民や亡命者の中から、合計一六五六名の代議員が参加した。その内、一〇五〇名が国際監視下の間接選挙で選ばれ、残りの六〇六名が難民、遊牧民、女性、宗教指導者などの特定の少数派グループの中から、ローヤ・ジルガ準備委員会によって指名された。女性の代議員数は、選挙で選ばれた者や指名された者を合わせて二二〇名余りに達し、タリバン時代はいうに及ばず、過去のどの時代よりも民主的な集まりとなった。(2)

緊急ローヤ・ジルガの直前、ザヒル・シャー元国王を実権のある大統領に擁立する動きが表面化し、会議の開幕が丸一日遅れた。しかし、国連や米国の懸命の説得で、元国王は出馬を断念し、象徴的な役割に限定された「国父」という肩書きに甘んじることに同意した。これは、元国王が実権のあるポストについてしまうと、カブールで実権を握るタジク族との間に権力の二重構造が生じ、新政権の安定が脅かされる恐れがあったからだ。

ザヒル・シャーは緊急ローヤ・ジルガの初日に出席し、会議の開幕を宣言した。国王が開催するローヤ・ジルガとしては、民主的憲法を制定した六四年のローヤ・ジルガ以来、実に三八年ぶりのことであった。その間、アフガニスタンでは共和制、共産主義、イスラム原理主義が、王政に代わる選択として試されたが、いずれも無残な失敗に終わった。大いなる犠牲を伴った近代化への試行錯誤は一巡し、アフガニスタンは再び原点に立ち戻った。ザヒル・シャーは開会の演説の中で「私は国民に仕えるため祖国に戻ったが、それは王制を復活させるためではない」と宣言し、カルザイを移行政権の大統領候補として推す意向を改めて示した。

カヌーニ内務相も、初日に予定外の演説を行い、移行政権では同じポストを要求しないと明言した。これにより、タジク族以外の候補が、警察権を握る内務相の要職に就くための道が開け、より民族間のバランスの取れた政権の樹立に道を開いた。

緊急ローヤ・ジルガの第三日目には大統領選が行われ、カルザイが一二九五票の圧倒的支持を獲得して選出された。カルザイは六月一九日に、移行政権の主要閣僚を発表するとともに、自らの大統領就任式を行い、緊急ローヤ・ジルガを閉幕した。新政権では、新たに五つの副大統領職が設けられ、ファヒム国防相がそのひとつを兼任することになった。カヌーニは教育相の他に、国内治安問題に関する大統領特別顧問という地位が与えられた。争点であった内務相にはパシュトゥン族の候補が選ばれたが、元国王の大統領擁立の策謀に加わったローマ・グループ系の暫定行政機構の閣僚は、ほとんど移行政権の要職から排除された。代わって入閣したパシュトゥン族系の閣僚は、中立の技術官僚や、北部連合に近い人物がほとんどであった。

カヌーニは組閣の当初、ファヒムと同様に副大統領職との兼任を狙い、大いにごねて醜態を演じた。彼は、ファヒムから第二の副大統領職を約束されていたと思い込んでいたようだが、それが事実でないとわかると、教育相からの辞任をちらつかせて抵抗した。パンジシール出身者から二人を副大統領にするなど政治的に不可能であることは、冷静であれば誰にでも理解できることであった。米国はカヌーニのため、ファヒムに副大統領職を譲るよう要請したが、成功しなかった。新政権の中で実権を握るファヒムとカヌーニの間に、亀裂が生じた最初の兆候であった。

カルザイはローヤ・ジルガの最終日の演説の中で「(安定的な) 平和と (民主主義や人権などの) 正義を同時に達成できるのならすばらしい。しかし、それが不可能な場合、われわれは (平和と安定を優先しつつ）段階的に目的を達成するしかない」と述べ、地方で跋扈する軍閥との間で、政治的妥協を当面の間続けねばならぬ苦しい胸のうちを吐露した。新大統領は一方で、部族間のバランスが取れた新国軍の設立など、中央政府機構の確立の必要性を強調し、近代国家の樹立に向けた布石を打つことも忘れなかった。

2　将来の課題

中・長期的課題——山積する難問

仮に暫定政権に続く移行政権がうまく立ち上がったとしても、新政府の行く手には深刻な中・長期的課題が山積している。長年の戦乱で荒れ果てたアフガニスタンの国土に、民主的で安定した国民国家を創成するためには、以下の問題の克服が避けられまい。

(a)タジク族中心の政権運営からの脱却——移行政権が北部連合の中心であるタジク族、特に旧マスード派の本拠地であるパンジシール渓谷地方の出身者の強い影響下にあることは明白だ。ラバニ大統領率いるムジャヒディン連合政権は九二年に成立したが、今回と同様にタジク人による独裁色が濃厚で、政権内の内紛とパシュトゥン多数派部族の反発を招き、結果としてタリバンが台頭する土壌を作った。同じ間違いを繰り返してはならない。

カヌーニ大統領顧問兼教育相、ファヒム国防相、アブドゥラ外相など新政権の要職を占める若手のタジク人閣僚は、全て旧マスード派の政治・軍事組織であるシューラ・エ・ナザール（Shura-e-Nazar）の出身者である。彼らはまず、ラバニ前大統領など守旧派の影響力を排除し、タジク勢力内で自らの足場を固めなければならない。さらに、ウズベク族やハザラ族を含む少数派諸部族の連合体である旧北部連合全体を、政治的に掌握する必要があろう。その上で、南部パシュトゥン族出身のカルザイ大統領を守り立てながら、南・東部のパシュトゥン多数派部族を政権内に取り込み、民族や宗派間の均衡の取れた、真の国民和解政府の樹立を目指すべきだろう。彼ら〝パンジシール三人組〟の政治家としての力量が問われるところである。

(b)パシュトゥン族の再編成と和平プロセスへの参加　——新政権の安定には、人口の四割近くを占め、アフガニスタン三〇〇年の歴史の中で、短期の例外を除き、常に政治の実権を握ってきたパシュトゥン族の、和平プロセスへの参加が絶対条件だ。タリバンはパシュトゥン族、特に南部のデュラニ・パシュトゥンをその勢力基盤としたが、同運動の崩壊後、これらの地域は有力指導者不在のため混乱の極みにある。

今日のパシュトゥン族の分裂状態を招いた責任の大部分は、周辺国の絶えざる干渉と、それを黙認し続けた国際社会にあるといえる。これらの周辺国が八〇年代の対ソ戦以来、パシュトゥン族諸勢力の中から常にイスラム原理主義グループのみを意図的に選別し、米国やサウジアラビアなどからもたらされる膨大な軍事・資金援助を排他的に与えてきたことは既に述べた。

タリバンの滅亡後も、パシュトゥン族への干渉は後を絶たない。米国はタリバンやアル・カイダに対抗するため、パシュトゥン族系の旧軍閥に武器や資金を与え、彼らの復活を手助けした。このため既に東のジャララバードや南のカンダハールなどの主要都市は、これら旧軍閥による分裂支配の状況にある。いま必要なことは、分裂状態にあるパシュトゥン族をカルザイ議長の下に政治勢力として再統合し、新政府の一部として取り込むことだ。その成否を左右するのは、この多数派部族の大半が住む同国東部と南部の沈静化と、治安の維持であろう。

(c)地方の軍閥の台頭の阻止――パシュトゥン族が居住する南部や東部以外でも、北部のマザリ・シャリフを拠点とするドスタム将軍（ウズベク族）や西部のヘラトを支配するイスマエル・カーン（ダリ語を話すパシュトゥン族）など、タリバン後に多くの旧軍閥が返り咲いた。対テロ戦争を遂行する米軍の存在や国際社会の圧力もあり、今のところ彼らは新政権への忠誠を誓っている。しかし、それぞれの支配地での「自治権」の復活を目論むこれら勢力と、国民の統合を基盤にした近代国家の成立を目指す和平プロセスが、互いに相入れないことは火を見るより明らかだ。〝群雄割拠〟の状態が繰り返されるのであれば、新政権の将来はおぼつかない。

これら事実上新政権の管轄外にある武装勢力の跳梁を許さないためには、軍閥麾下の武装集団の新国軍への編入と、不要な兵員の動員解除（退役兵が市民生活に溶け込むことを容易にするための職業訓練を含む）が必須だ。また、全国統一の税制や地方公務員制度の導入に加え、地方軍閥の重要な収入源であるアフガニスタン通過貿易協定（ATT）を悪用した密貿易や、麻薬の栽培の規制が必要となろう。

国際社会の役割と責任

アフガニスタンが直面する諸問題の克服に、軍事、外交、経済など、あらゆる分野における国際社会の、全面かつ継続的な支援が必要なことは言うまでもない。

軍事的には、国連安保理によって容認された多国籍軍である、国際治安支援部隊（ISAF：International Security Assistance Force）の役割が最重要課題となる。このISAFは、二〇〇一年一二月二〇日の安保理決議を受け、首都カブールにおける治安の維持を支援するため創設されたものだ。英、独、伊、トルコなど欧州中心の約一七カ国、合計四八〇〇名余りの兵員が、市中の巡回、国連要員の保護、アフガン新国軍編成の指導と訓練、道路や橋の補修などの任務に当たる。(3) 国連事務総長指揮下の平和維持活動（PKO）とは違い、ISAFは敵対行為やその任務遂行の妨害に直面した場合、先制攻撃も含め、独自の判断で積極的に武力を行使することができる。ISAFは対テロ戦争を遂行する米軍の総合的な管轄下に置かれ、予想を超える大規模な襲撃などの緊急時は、米国部隊の救援や撤退の支援を要請することができるが、実際の作戦面では全くの別行動を取る。

このISAFの真に重要な任務は、単なる治安維持の助けではない。ISAFはその存在によって政治的に中立な環境を醸成することにより、ボン和平合意の履行を保証する〝重し〟として、アフガン新政権の基盤造りを助けることを期待されている。(4) 新政権の発足当時からカブールは、タジク人勢力を中心とする北部同盟の実質的な支配下にあるが、一部の勢力に治安の維持を依存し、住民のみならず移行政権の閣僚までもが、タジク人部隊の無言の威圧に怯える状態が続く限り、健全な国民政府が育つはずはない。このためＩＳＡＦは、身分証を携帯する警察以外の全ての武装勢力が、カブールから撤退するか、予め指定された兵舎に止まることを監視する任務を負う。

ボン合意では、ＩＳＡＦの役割はカブールに止まらず、地方の主要都市への展開も期待されていた。しかし、米国などの主要加盟国は当初、それぞれの国内事情のため、ＩＳＡＦの地方への拡大に二の足を踏んだ。このため、治安の悪化を懸念する国連やカルザイ移行政権の度重なる要請にもかかわらず、ＩＳＡＦの拡大展開は二〇〇二年秋の段階でも実現せず、大幅に遅れることになった。

ＩＳＡＦの地方への展開を遅らせたのは、軍部など米国の政権内のタカ派の中ではびこる、単独行動主義（unilateralism）だ。彼らが拡大展開に消極的な理由は、（1）ＩＳＡＦが全国規模で展開すると、ＩＳＡＦの後方支援などのため余計な負担を抱え込み、対テロ戦闘そのものに悪影響を与えかねないという懸念、（2）ソマリア以降顕在化した、国連の国家再建活動（nation-building）に米兵が直接関与することに対する嫌悪感、（3）多額の財政負担を伴う国連の和平活動が無制限に拡大する傾向（mission creep）への警戒感、などに大別される。これらの理由は、それぞれ個別に見ると、それなりに筋が通っているように見える。しかし、和平の達成という国際社会の共通の目的を念頭に考えると、いかにも近視眼的で、不合理極まりない。ＩＳＡＦが全国規模で展開しないと、タリバン崩壊後に返り咲いた地方の軍閥の行動を抑制するのは難しい。生まれて間もないひ弱なカルザイ政権が、緊急ローヤ・ジルガの後も地方の軍閥との数々の妥協を余儀なくされたのも、カブール以外でのＩＳＡＦの不在が主たる原因といえる。

地方の軍閥を抑えるためのもう一つの柱である新国軍の編成と訓練は、二〇〇二年の春にＩＳＡＦ所属の英国部隊によって始められた。英国部隊は、部族間のバランスを考慮しつつ、一個大隊に相当する合計約六〇〇人の兵卒と将校の候補者を全国各地から募集して、三カ月の訓練を施した。訓練を終えた大隊は、ファヒム国防相が率いる国軍に編入され、大統領官邸など、首都の要所の警備の任についた。その後、英国部隊の任務は米国によって引き継がれ、米軍部隊がフランスなど他の国と共同で、総数八万人に上る新国軍の編成と訓練に責任を負うことになった(5)。内戦状態が終わったばかりのアフガニスタンでは、ファヒム国防相が率いるタジク人部隊中心の既存の「国軍」に加え、軍閥麾下の不正規兵など、全国に散らばる武装勢力の総数は十数万人に上ると試算されている。これらの兵士の武装解除や新国軍への編入には、三億ドル近い膨大な資金援助と、最低でも四年の期間が必要とされている。なお、日常の市民生活を守る警察組織の再編成と警察官の訓練は、ドイツが受け持つことになった。

国際社会が外交面で出来ることは、移行政権への経済・政治的支援と、周辺国による内政干渉の復活の防止だ。周辺国によるアフガン内戦へのあくなき干渉は、紛争長期化の大きな要因としてしばしば指摘されてきた。タリバン崩壊後、内戦は終息に向かいつつあるが、内政干渉の芽が完全に絶やされたわけではない。いまだに混乱状態にあるアフガニスタン南部や西部では既に、武器や資金の供与など、既得権の温存を計る隣国の諜報機関と、地方軍閥の接触の再開が囁かれている。このような動きが、新政権の自立を阻むことは明らかだ。日本を含む国連の重要加盟国は、政府開発援助（ODA）などの供与などを通し、これらの周辺諸国に少なからぬ影響力を持つが、干渉の再開防止のため、従来以上に目を光らせる必要があろう。

アフガニスタンへのかつてない大規模な復興や開発援助の動きは既に始まっている。東京で開かれたアフガニスタン復興支援国際会議では復興の優先分野を、（1）行政能力の向上、（2）教育、（3）保健・衛生、（4）インフラ整備、（5）経済システムの再建、（6）農業と農村開発、の六分野に絞り、今後数年間で累積総額四五億ドルにのぼる資金援助が約束された。この内二〇〇二年末までの最初の一年間で、一八億ドル以上の援助が同国に投入されることになる。日本は二〇〇二年から二年半で五億ドル、最初の一年は二億五〇〇〇万ドルの支援を表明した。援助金は、世界銀行に設立される信託基金を通して、暫定政権に与えられる。

支援実施の枠組みとして、アフガン新政権、主要な支援国、国連開発計画（UNDP）などの国際機関が、共同で執行グループを設立することを合意した。このグループは、カブールに本拠を置き、開発・復興支援の調整と、その有効な活用と使途に関する透明性の確保のための監視に当たる。

3　地域紛争解決の指針を求めて

日本とアフガニスタン

日本とアフガニスタンが、アジア大陸における近代形成の過程で切っても切れない関係にあることは既に述べた。この絆の深さは、二一世紀の将来にわたっても変わることはない。日本とアフガニスタンをつなぐ絆は、次の三点に要約できる。

(1)日米同盟の対象としてのアフガニスタン　――日本政府が九月一一日危機の勃発後最初にしたことは、米国主導の対テロ戦争に協力するための体制作りであった。九〇―九一年の湾岸戦争の支援に出遅れた失敗を繰り返さないため、政府は危機の勃発直後から迅速に行動し、法制度の整備も含め、対テロ軍事作戦に従事する米軍支援のため、海上自衛隊の艦艇をインド洋に派遣する体制を整えた。本書の第一章で説明した、米ソの間で争われた第二のグレートゲームの場合と同様、同盟国としての日本の対米支援は、敏速かつ効果的であった。

しかし、日本で案外知られていないことは、この一連の措置はあくまで日米安保の脈絡の中でとられたものであって、国連の和平活動と必ずしも直結していないという事実だ。二〇〇一年末の時点で、アフガニスタンでは二つの戦争が同時進行していた。米国主導の対テロ戦争と、二三年来の内戦だ。

米国が主導する対テロ作戦は、国連憲章第五一条の加盟国の個別的自衛権の発動として行われたものであり、安全保障理事会の決議によって活動を認可された多国籍軍であるISAFなど、アフガン内戦の解決を目指す国連の和平活動そのものとは明確な一線を画する。

(2)国連外交の一環としてのアフガニスタン——国連外交の観点から見ると、日本は出遅れの感を否めない。カンボジアや東ティモールの後、アフガニスタンはアジアで最後に残った本格的な国連の和平活動である。だが、主導権は常に欧米諸国に握られたままであった。本書で説明したとおり、和平会議の東京での開催など、努力すれば日本が和平の主導権を獲得するチャンスがなかったわけではない。日本が国連のよき支援者であることは昔も今も変わりないが、和平の推進において国連と苦楽をともにする「真のパートナー」になっているとはいえない。もし日本が将来、新常任理事国の座の獲得など、国連での地位の向上を目指すのであれば、和平活動へのより一層の関与と協力が必要となろう。

治安面でも欧米の存在が際立っている。安保理によって認可された多国籍軍であるISAFへは、欧米を中心に約一七カ国が参加しているが、二〇〇二年秋の時点ではアジアからの参加は皆無だ。アジアの紛争解決に、アジアの国が兵員を送らないことをいぶかる声も少なくない。

(3)アジア外交の中のアフガニスタン——アフガニスタンがアジアの一国である限り、その地政学上の意味を、日本は避けて通ることはできない。中国とロシアの広大な裏庭に位置し、原油など天然資源に富み、政治的に覚醒しつつある中央アジアの平和と安全に寄与して友邦を育てることが、冷戦後の日本にとって如何なる意味があるのか、戦略的な考察が望まれよう。

ユーラシア大陸全体の動きも重要だ。二一世紀のグレートゲームは、中国の台頭などアジアにおける新たな政治的現実を背景に、石油など天然資源を軸に争われる可能性が囁かれている。そのとき、南・西・中央アジアの接点に位置するアフガニスタンが、再び中心的な役割を担うことは間違いない(6)。東アジアで中国やロシアと対峙して生きていかざるを得ない日本にとって、この新たなグレートゲームは決して他人事ではない。

特に注目すべきは、中国の工業化とそれに伴う石油需給の逼迫だ。中国は長年、エネルギーの自給政策を堅持してきたが、開放政策による工業化の促進と経済発展に伴い、九三年より原油輸入国となった。原油需要は以降、工業化の目覚しい進展により二一世紀の初めまでに一〇倍に膨れ上がった。今世紀初頭の時点で中国国内の原油生産量は一日四〇〇万バレルだが、これは同国のエネルギー需要のわずか二〇%弱を満たすに過ぎない。二〇一〇年までには全エネルギー需要の三〇%近くが石油に依存することが見込まれているのに対し、国内原油生産量は二〇一〇年より減少することが予測されている。

石油需給の逼迫に伴い中国は、原油の推定埋蔵量一千億バレルとも言われるカスピ海地帯に、熱いまなざしを注ぎ始めた。中国は九七年に西側の資本に競り勝ち、合計一〇億ドル近くをカザフスタンの二つの油田開発に投資することに合意した。さらに、中国の石油公社はカザフスタンと、中国北西部を結ぶ全長三〇〇〇キロのパイプライン建設計画の実施可能性調査の開始に合意している（巻末

「カスピ海原油パイプライン建設予定図」参照）。この計画には三〇億から三五億ドルが必要とされるが、実現すれば年間二千万トンの原油が中国に輸入されることになる。増大の一途をたどる中国の原油需要が、既に米国やロシアなどを巻き込み熾烈な争いが始まっているカスピ海原油の獲得競争に、一層の拍車をかけることに疑いはない。

アフガニスタンが国際社会の現状を映す鏡であるとするなら、それは冷戦後の世界を生きる日本の実像をも、正確に映し出している。アフガニスタンと日本を結ぶ三つの絆のうち、日本が迅速かつ効果的に行動できたのは、二国間関係である日米同盟の脈絡の中で為された措置だけであった。そこに欠けていたものは、国連とアジア中心外交という、日本が世界の中で均衡の取れた平和国家に生まれ変わるための、戦後外交の三本柱のうちの二つだ。アフガニスタンの鏡に映ったのは、国際社会との連帯という初志を忘れ、国連やアジアでの居場所がいまだに定まらない、いびつな日本の姿ではなかっただろうか。

日本のアフガン和平への協力が、いつまでも対米関係の延長線上にとどまっていて良いはずはない。まして「復興援助など金の話は日本、困難や危険を伴う政治や軍事的支援は欧米諸国」という古い役割分担がいつまでも通用するはずもない。アジアの冷静でしたたかな目は、日本が地域の平和と安定のため、如何なる努力をし、どれ程の犠牲を払うつもりがあるのかを、しっかりと見据えている。

国連和平活動の課題

試行錯誤を重ねたアフガニスタンでの国連の和平活動は、国際社会に多くの貴重な教訓を残した。国連では既に、冷戦後に頻発する地域紛争の解決に向けた、新たな指針の模索が始まっている。

二〇年余りにわたった国連の和平活動は、失敗の積み重ねといえなくはない。本書で詳述したように、国連はその時々の政治的制約の枠内で常に、最善と信ずる和平努力をアフガニスタンで行ってきた。しかし、アフガン国民の全幅の期待を担い、関係者の心血を注いで行われたこれらの国連活動は、権力闘争に没頭する紛争当事者や、目先の国益追求に専念する超大国や周辺諸国によって、目的達成の前にいとも簡単に踏み潰された。

失敗の核に在ったのは、アフガニスタンのような何ら先進国の利害の絡まぬ地域紛争に対する、国際社会の無為と無関心だ。国連では九月一一日のテロ事件以前より、このような紛争が未解決のまま放置された場合の危険性を、加盟国に対し繰り返し警告してきたが、ついに彼らの十分な関心を引くことはできなかった。結果として国際社会は、戦乱に苦しむアフガン国民の悲惨を黙認したばかりか、未曾有の同時多発テロの発生をも許してしまった(7)。

アフガニスタンのような「忘れられた紛争」を二度と生み出さないためには、国際社会が地域紛争解決のために政治的意思を結集し、一致団結して国連の和平活動を後押しできる体制を構築することが急務であろう。国際社会が一旦、紛争解決に向けて団結すると、その平和への力は抗し難いものとなる。本書の第七章で説明したように、国連はボン和平会議の場でも、和平よりも現状維持を望むアフガン人当事者や関係国の抵抗に遭遇したが、従来と打って変わった加盟国の強力な支援に支えられ、無事和平合意に漕ぎ着けることができた。

いま必要なことは、九月一一日以前のアフガニスタンのような、大国の関心を呼べぬ地域紛争にも、国連が本格的に介入することを可能にする理念と、それを支える制度の確立だ。このような紛争にあまねく対処するための普遍的安全保障体制を、世界はいまだ確立するに至っていない。

現在世界各地で起こっている紛争のほとんどは、主権国家内の内戦であり、米国など一部の大国にとって、戦略的価値や経済的利害の薄い地域で起きている。このような紛争を未解決のまま放置した場合の危険性を、アフガニスタンはまざまざと世界に示した。情報、貿易、金融の地球化が言われ、新たなテロの脅威が国際社会に影を落とす今日、地域紛争の処理を一部の大国に任せておればよかった時代は、急速に終わりつつある。

普遍的な安全保障体制を構築するためには、和平活動を積極的に担う加盟国の裾野を広げる以外にない。この点において、日本やドイツの新経済大国や、カナダや北欧などの中堅加盟国が担うべき役割は重大だ。これらの国々がもっと主体性を発揮して、和平活動全般に一層の関与をすることが、今ほど望まれることはない。国連活動が一部の加盟国の政治力や軍事的支援に依存せざるを得ない状態が続く限り、和平の行方がそれらの国の国益に左右されることは避けられず、普遍的安全保障の達成など覚束ない。

和平プロセスの後退はもはや許されない。アフガニスタンの将来は、地域の安定のみならず、国際社会全体の平和と安全に直結しているのだから。過去の分裂と混乱を繰り返す余裕は、アフガン人にも、国際社会にもない。

多年の戦乱の中で二〇〇万近くものアフガン人が命を落としたといわれるが、この犠牲と苦しみが無駄であって良いはずはない。アフガン紛争の瓦礫の中から、新たな国際協調の希望が生まれてこそ、膨大な犠牲と、大いなる失敗の教訓は、未来に生きるのではないだろうか。虚無の闇の向こうに、普遍の平和を求めて、国連の営みは続いている。

注

(1)　ハジ・カディールはその後、移行政権の五人の副大統領のひとりに任命されたが、七月六日にカブールで何者かにより暗殺された。これに先立つ同年の二月一五日には、同じくパシュトゥン族の閣僚であったアブドゥル・ラフマン観光・航空運輸相も暗殺されており、新政権の前途多難を印象づけた。

(2)　緊急ローヤ・ジルガの出席者のうち間接選挙で選ばれた代議員の民族別構成はパシュトゥン人が四三・三%、タジク人が二九・六%、ハザラ人が一一・六%、ウズベク人が一〇・五%、その他の民族が五%となった。これにローヤ・ジルガ準備委員会によって指名された少数派グループの代表を加えると、全代議員の民族別構成は、パシュトゥン人が三八・五%、タジク人が三五・一%、ハザラ人が一二・五%、ウズベク人が九・六%、その他の民族が二%となった。暫定政権内で実権を握るタジク人の割合が最終的に水増しされ、パシュトゥン人に肉薄した形だが、全体から見ると少数派であることに変わりはない。

（3）　ＩＳＡＦの二〇〇二年三月の時点での総兵力は計一七カ国から派遣された四八四一名で、その構成は以下のとおり。英国一八六三名、ドイツ八七九名、フランス四九九名、イタリア三五七名、スペイン三四〇名、トルコ二七五名、オランダ二一八名、ギリシャ一二一名、オーストリア五六名、デンマーク四七名、フィンランド四六名、スウェーデン四〇名、ブルガリア三二名、ノルウェー二七名、ルーマニア二六名、ポルトガル八名、ニュージーランド七名。

（4）　国連事務局ではＩＳＡＦの全国規模での展開を、ボン和平会議以前の段階から和平プロセスの履行を担保する必要不可欠の要因と考えていた。カンボジアや東ティモールのように国連による暫定統治がなされた場合と違い、アフガニスタンではＩＳＡＦが展開されたカブール以外の治安は、事実上、タジク人勢力中心の北部同盟や、タリバン崩壊以降に返り咲いた地方の軍閥にゆだねられている。これら既存の軍事勢力ににらみを利かせつつ、和平を進展するためには、十分な兵力に裏打ちされた国際部隊の展開を通し、無言の威圧をかける以外にないと判断されたためだ。

（5）　予定される新国軍の八万人の内訳は、陸軍六万人、国境警備隊一万二千人と空軍八千人。この再編と訓練に要する費用のほとんどは、国際社会の援助で賄われる。加えて、新国軍の兵員の給料の支払いを、国際社会が当面の間肩代わりすることになり、そのための信託基金が国連に創設された。ところで、ファヒム国防相は当初、二〇万人規模の新国軍を国際社会の援助を使って創設するべきだと主張して、国連やＩＳＡＦ関係者を驚かせた。「タリバンやアル・カイダの残党が残っているので、このくらいの規模の国軍が必要なのだ」とファヒムは説明したが、実際のところは、内戦の終焉に伴い役立たずになったムジャヒディン戦士たちの「失業対策」が本音であった。

（6）　国連総会に出席のためニューヨークを訪れたカルザイ移行政権大統領は二〇〇二年九月一三日に関係国政府に対し、タリバン時代に頓挫したトルクメニスタン―アフガニスタン―パキスタンの三カ国をつなぐ全長一六〇〇キロの天然ガス・パイプライン建設計画の復活を強く訴えた。計画が実現されると、膨大な埋蔵量を誇るカスピ海原油・天然ガスに、史上初めてアジア・太平洋市場への直接のアクセスが提供されることになる。総工費は二〇億ドルに上り、完成の暁には通過国であるアフガニスタンに年間五億ドルの収益をもたらすという。カルザイはこの計画を「アフガニスタンと近隣諸国を相互の利益でつなぐ様々な計画の内で最初に実現されるべきもの」と位置づけ、他の石油や天然ガス・パイプライン計画の実現にも強い意欲を示した。

(7)　アナン事務総長は二〇〇二年九月一二日に始まった国連総会の一般討議の冒頭でなされた演説の中で「アフガニスタンが混迷の淵に沈み、アル・カイダの絶好の温床となったのは、九〇年代における国際社会の恥ずべき怠慢のせいである」と言い切り、アフガン内戦の解決に対する加盟国の「恥ずべき」無為と無関心を鋭く批判した。

おわりに

「アフガニスタンの本を書こうと思う」

その男は、別れ際にぼそっとつぶやいた。当時ラバニ政権の駐パキスタン代表であった彼は、行き詰った現状の打開策を深夜まで論じた後、和平が成った暁に実現すべき淡い夢を、ふと新任の国連担当官に漏らした。目前に山積する困難にもかかわらず、祖国がついに平和を達成する経緯を、将来の世代に伝えたいのだという。

彼はさらに「そのときは君も、国際的な視点から本を書くべきだ。心の深い人間にしか、われわれの紛争の本質は理解できないのだから」と語りかけ、初めての現地出張で緊張する国連担当官と、見果てぬ夢を分かち合った。冴えわたる月光がイスラマバード郊外の街並みを照らし、非情な現実と平和への仄かな希望が、生暖かい空気の中で交錯した。九五年の夏の夜のことであった。

和平は、延べ六三カ国の訪問と、六〇冊余りの関連ファイルの作成と、無数のアフガン・非アフガン人当事者との交渉を経て、六年と五カ月後にやってきた。その間、多くのアフガン人の友を、激化する紛争の中で失った。国連保護下にもかかわらず虐殺されたナジブラ元大統領、オマール師のライバルと目されながら病いに斃れたタリバン・ナンバー2のラバニ師、自爆テロで暗殺されたマスード司令官、反タリバン活動中に捕まり処刑されたアブドゥル・ハクなど、和平活動を通して知り合った多くの知己が、惜しげもなく命を散らした。本の執筆を勧めてくれた友人も、何度か死線をかいくぐった後、マスードの暗殺の現場に居合わせたため、片目の失明、聴覚の喪失、歩行障害など、重度の障害を負う身になってしまった。

友の要請に応え、「国際的な視点」からアフガン紛争に関する本を書こうと決意したのは、ボン和平合意に伴いカブールに暫定政権が誕生した二〇〇一年暮れのことだ。かくも長きにわたりアフガン国民を苦しめ、多大な犠牲を強いたこのような悲劇の再発を、なんとしても食い止めたいと思ったからに他ならない。

地域紛争の解決のため、日本が国連で、より積極的な役割を果たすべきだという確信に、変わりはない。積極的な和平への関与は、単に戦災地の国民のためだけではなく、国際社会の中で平和国家として「名誉ある地位」を求める日本自身のためでもあるからだ。アフガニスタンは、冷戦後に生きる日本の姿と、その国際社会とのかかわりのあり様を、われわれに問うて止まない。アジアをはじめとする国際社会との連帯が日本の生きる道であるとするなら、広く多くの日本人が今日、あるがままの国連和平活動を理解する必要性は、飛躍的に増大したのではないだろうか。

執筆に当たっては、メスティリから現在のブラヒミに至るまで、四代にわたる国連事務総長特別代表に補佐官として仕え、和平会議や紛争当事者との個別交渉など、紛争後期の主たる外交活動のほとんどに直接関わった経験が大いに役立った。執筆の途中、何度も行き詰まることがあったが、志半ばで無念の内に逝った多くのアフガン人の友人のことを想い、彼らの意思に引き摺られるように終章までたどり着いた。なお、本書の第四章から第八章にある、ナジブラ元大統領の処刑、バーミアンの石仏の破壊、テロに関し繰り返された警告、ボン和平合意と暫定政権の誕生の部分は、一九九七年から二〇〇二年の間に月刊誌「世界」（岩波書店）に断続的に掲載された論文に、大幅な加筆修正を加えたものである。ここで、単行本収録を快諾してくださった「世界」編集部に感謝の意を表したい。

執筆中、論文の読者や本書の編集者をはじめ、国連本部やアフガニスタンの現場で苦楽をともにした同僚たちなど、多くの方々に一方ならぬ支援と、貴重な助言をいただいた。ここに改めてお礼申し上げたい。本書の責任はあくまで著者自身にあるが、もし内容に何らかの利点があるとすれば、それは彼らの助けによるところが大きい。

最後に、本書の中の見解や分析は、あくまで著者個人のものであり、必ずしも国連事務局を代表するものではないことを付け加えておきたい。

二〇〇二年十一月一日　　ニューヨークにて　　川端清隆

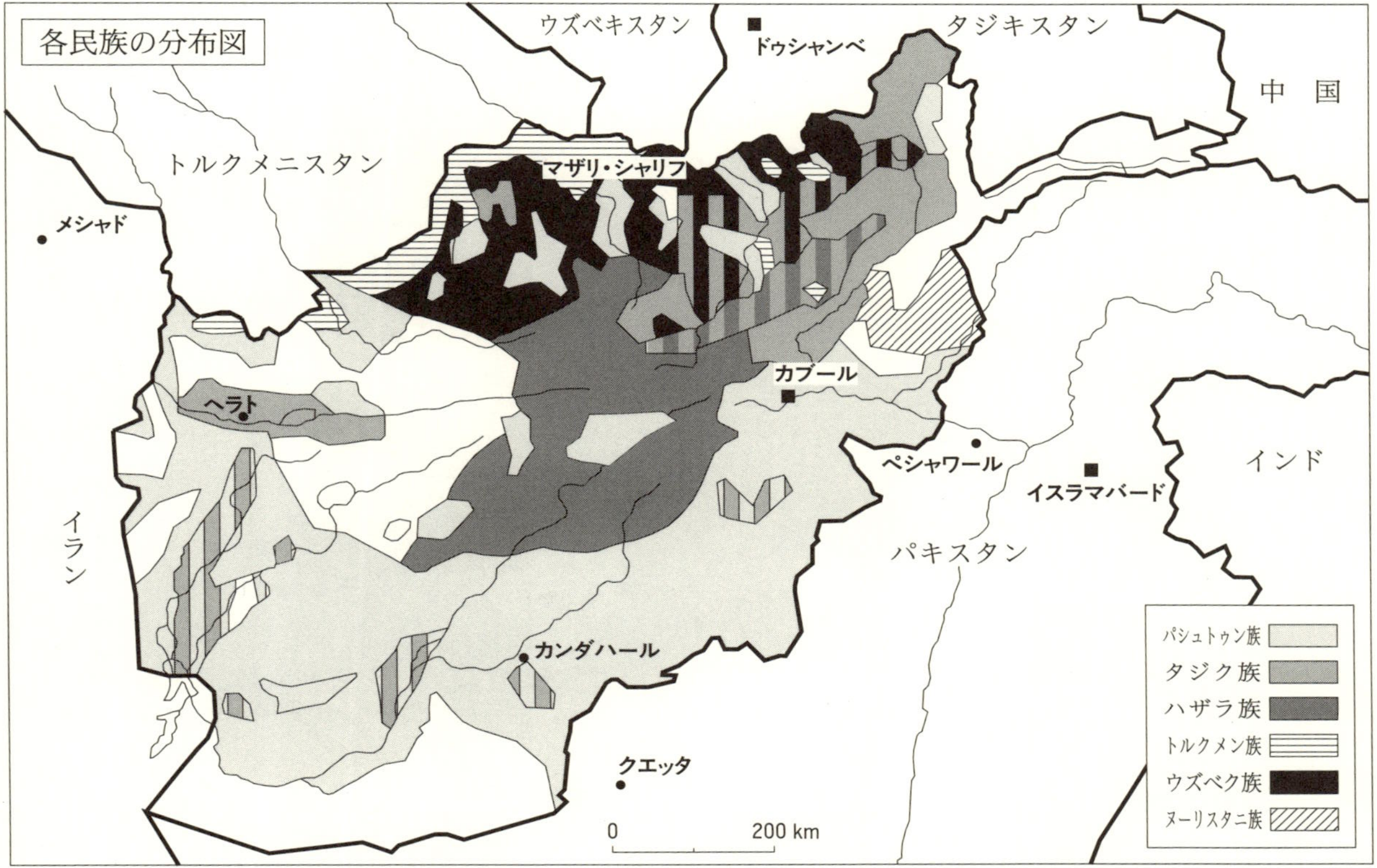
各民族の分布図
ウズベキスタン
ドゥシャンベ
タジキスタン
中 国
トルクメニスタン
マザリ・シャリフ
メシャド
カブール
ヘラト
ペシャワール
イスラマバード
インド
イラン
パキスタン
カンダハール
クエッタ
0
200 km
パシュトゥン族
タジク族
ハザラ族
トルクメン族
ウズベク族
ヌーリスタニ族

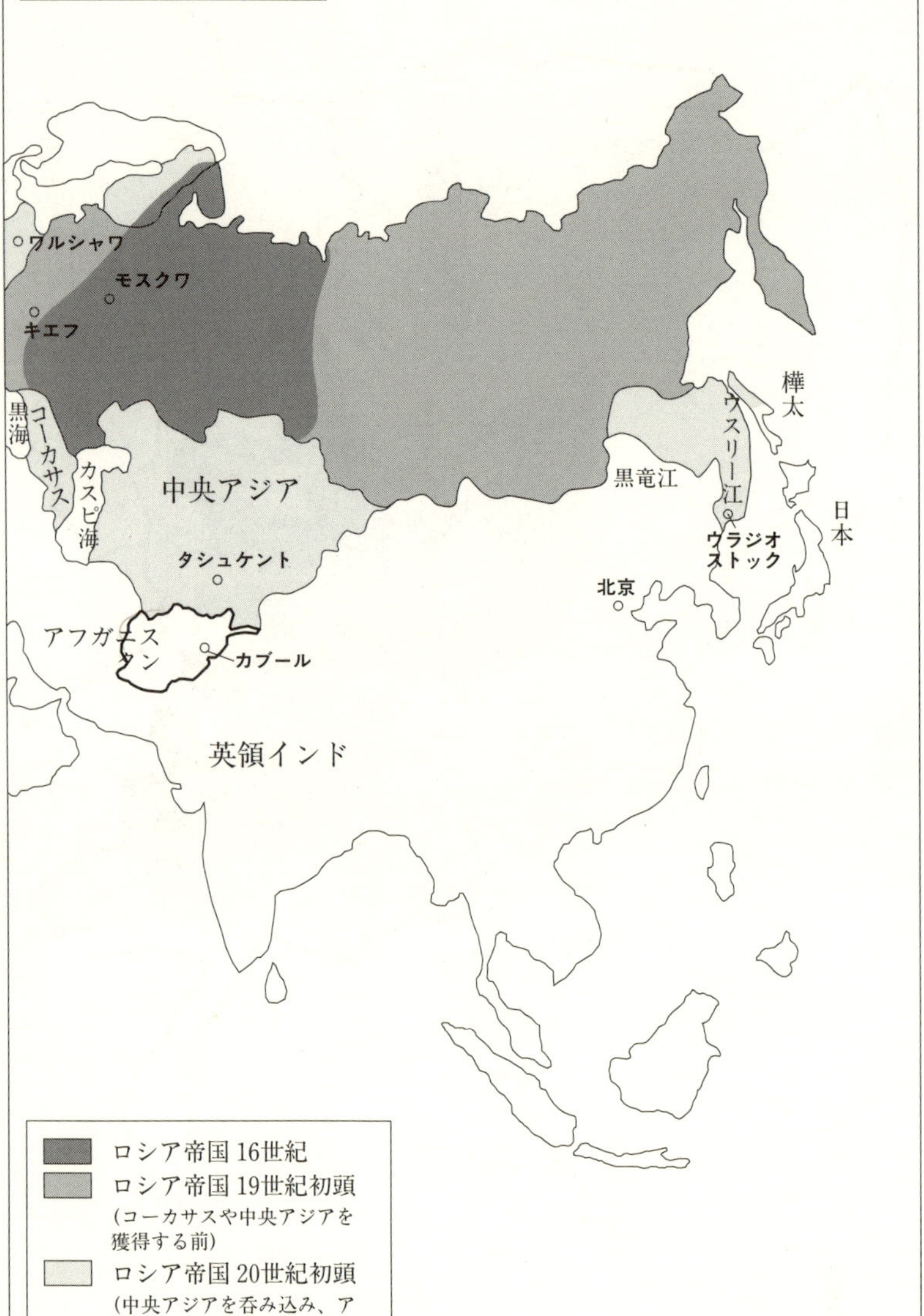
ワルシャワ
モスクワ
キエフ
黒海
コーカサス
カスピ海
中央アジア
タシュケント
アフガニスタン
カブール
英領インド
北京
黒竜江
ウスリー江
ウラジオストック
樺太
日本
ロシア帝国 16世紀
ロシア帝国 19世紀初頭
(コーカサスや中央アジアを獲得する前)
ロシア帝国 20世紀初頭
(中央アジアを呑み込み、アフガニスタンや中国に迫る)
ロシアの勢力拡張図

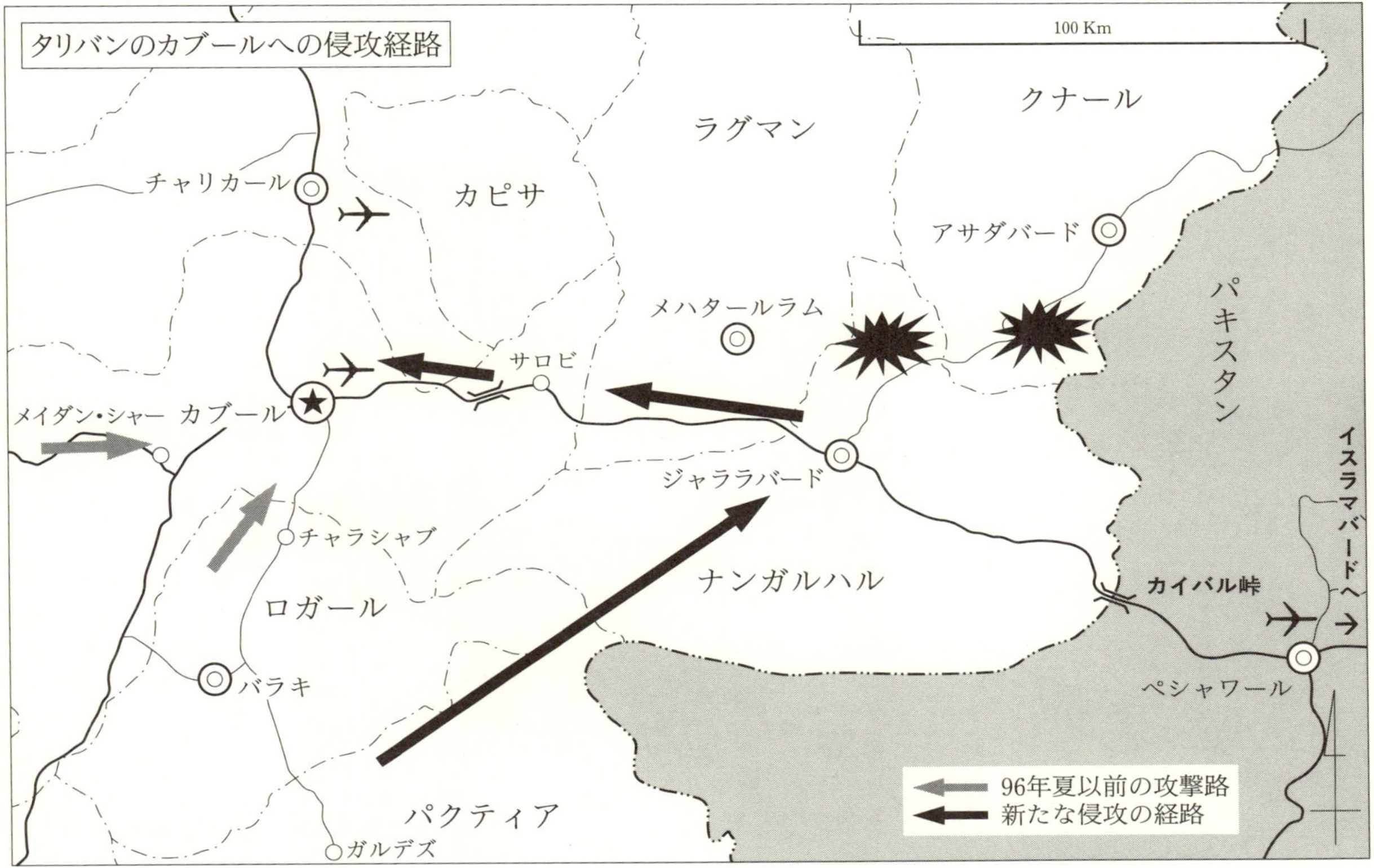
タリバンのカブールへの侵攻経路
100 Km
クナール
ラグマン
チャリカール
カピサ
アサダバード
メハタールラム
パキスタン
サロビ
メイダン・シャー
カブール
ジャララバード
イスラマバードへ
チャラシャブ
カイバル峠
ナンガルハル
ロガール
バラキ
ペシャワール
96年夏以前の攻撃路
新たな侵攻の経路
パクティア
ガルデズ

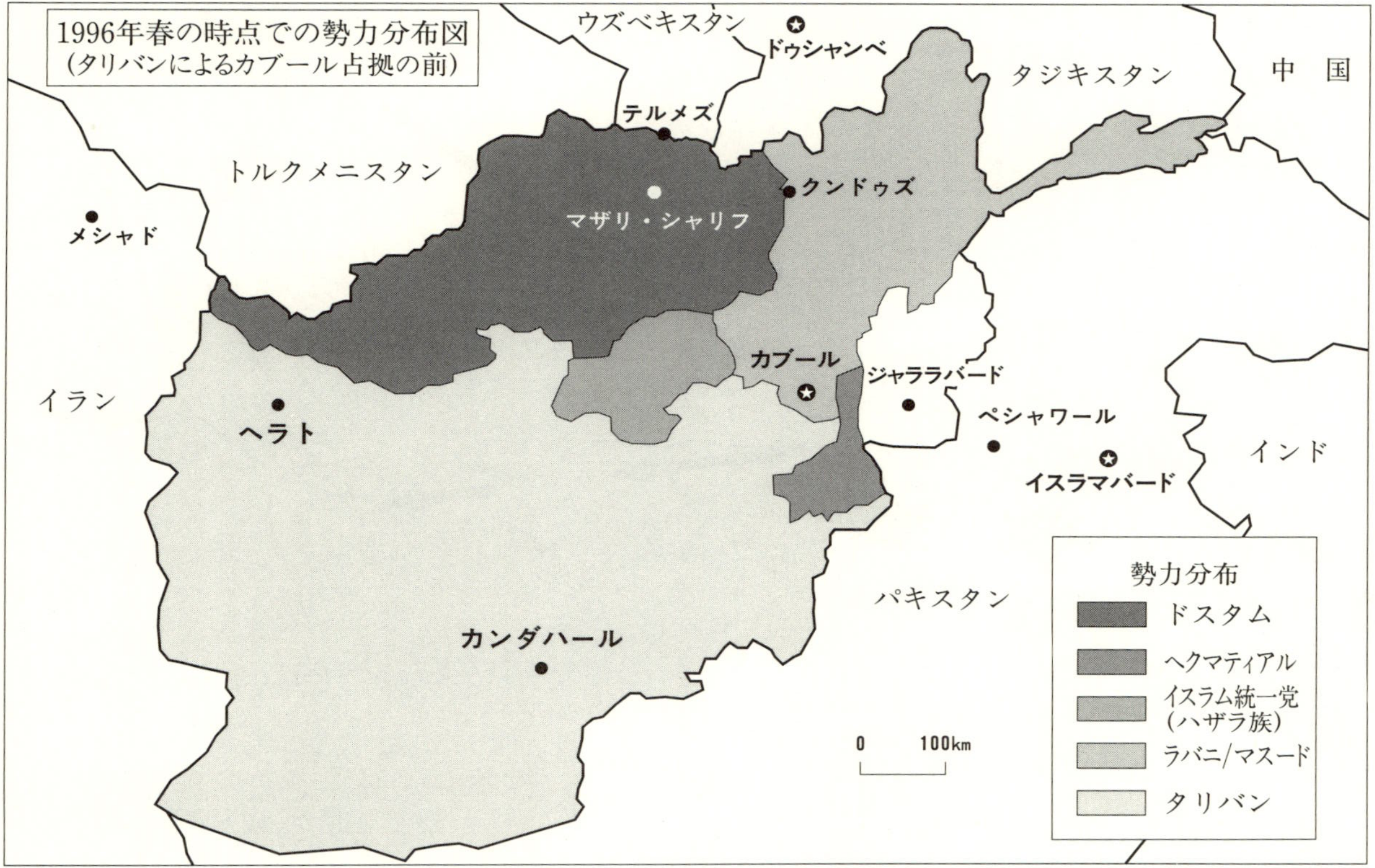
1996年春の時点での勢力分布図
(タリバンによるカブール占拠の前)
ウズベキスタン
ドゥシャンベ
タジキスタン
中　国
テルメズ
トルクメニスタン
クンドゥズ
マザリ・シャリフ
メシャド
カブール
ジャララバード
イラン
ヘラト
ペシャワール
イスラマバード
インド
パキスタン
カンダハール
勢力分布
ドスタム
ヘクマティアル
イスラム統一党
(ハザラ族)
ラバニ/マスード
タリバン
0
100km

主要人物・用語リスト

●人　物

［北部連合］

アブドゥラ・**アブドゥラ**　移行政権の外務大臣。旧マスード派の若手実力者で、カヌーニやファヒムと並ぶ「パンジシール三人組」の一人。タジク人。

イスマエル・**カーン**　ヘラト県知事。対ソ連・ジハード時代から指揮官として知られたが95年にタリバンに敗れる。タリバン崩壊後返り咲き、中央政府から半独立した地方軍閥として西部一帯に強い影響力を持つ。ダリ語を話すパシュトゥン人。

ハジ・**カディール**　移行政権の副大統領兼都市開発相。2002年７月にカブールで暗殺される。ナンガルハル県知事として東部一帯のギルザイ・パシュトゥン人の間で影響力を誇ったが、麻薬密輸に関する噂が絶えなかった。

ユーニス・**カヌーニ**　移行政権の教育相兼大統領特別顧問。旧マスード派の若手の実力者として諜報・警察機構に隠然とした影響力を持つ。ボン和平会議で北部連合の代表を務めた。タジク人。

ラスル・**サヤフ**　ムジャヒディンの一派であるイスラム統一体の党首。ラバニと並び北部連合の中では守旧派に属す。原理主義を通しサウジアラビアとの関係が深い。パシュトゥン人。

アブドゥル・ラシッド・**ドスタム**　マザリ・シャリフなど北部一帯に影響力を持つウズベク族系の軍閥。ナジブラ政権の司令官の一人であったが、反乱を起こし北部ムジャヒディンに加わる。タリバン壊滅後に返り咲いた。暫定政権では副国防大臣を務める。

カリム・**ハリリ**　移行政権の副大統領の一人。シーア派ハザラ族主体のイスラム統一党党首。ハザラ人。

ムハマンド・クァシム・**ファヒム**　移行政権の副大統領兼国防大臣。マスード暗殺後に北部連合の司令官に任命される。旧マスード派の

若手の成長株として、カヌーニとはライバル関係にある。タジク人。

アフマド・シャー・**マスード**　伝説的な北部連合の最高指揮官。タジク族が居住するパンジシール渓谷を根拠地とし、対ソ連・ジハード時代からムジャヒディン司令官として勇名を馳せた。ナジブラ政権崩壊後カブールに一番乗りし、タジク人主導の連合政権樹立に道を開く。タリバンの対抗勢力として最後まで戦ったが、2001年9月にアル・カイダとみられる自爆テロによって暗殺される。タジク人。

アブドゥル・**マリク**　ドスタムの副官であったが、97年5月に造反した。その直後タリバン兵士の捕虜を大量に虐殺し、タリバンによるハザラ人やウズベク人住民の報復殺人のきっかけをつくる。

ブルハヌディン・**ラバニ**　ムジャヒディン連合政権の大統領を92年から務める。マスードと共にタジク族系のイスラム協会を率い、タリバンやパキスタンと対立する。イランからの支持を受け、北部連合内では原理主義保守派として知られる。タジク人。

［タリバン］

アブドゥル・ジャリル・**アクンド**　外務次官。オマール師に近く、カンダハールで外交上の問題を担当した。パシュトゥン人。

ムハマンド・**オマール師**　タリバンの最高指導者。生い立ちや思想的背景は本書の第三章第2節「タリバンの出現」を参照。パシュトゥン人。

ムハマンド・**ハッサン師**　カンダハール知事。オマール師と並びタリバン内の強硬派で、カンダハールを訪れる外交団との折衝を主に任された。パシュトゥン人。

ワキル・アフマッド・**ムタワキル**　外務大臣。穏健派と見られ、国連をはじめとする対外交渉の指揮を取った。しかし後年は、オマール師の独裁が強まるにしたがい、タリバンの決定過程から疎外され影響力を失った。パシュトゥン人。

ムハマンド・**ラバニ師**　タリバン創設時からのメンバーで、オマール師に次ぐ実質ナンバー2の実力者。タリバン内では穏健派と見られ、カブールなどで国連や米国との交渉にあたった。2001年に病死。パシュトゥン人。

[その他のアフガン人]

ハメッド・**カルザイ**　移行政権の大統領。カンダハールなど南部アフガニスタンを拠点とするデュラニ・パシュトゥン族の出身で、デュラニのサブ・グループであるポパルザイ族の頭領の家に生まれた。インドで教育を受け、92年に発足したムジャヒディン連合政権では外務次官を務める。ローマ・グループの有力な支援者の一人であり、実父がタリバンに99年に暗殺されると、公然と反タリバン運動を指導する。開明的で穏健なパシュトゥン人の若手指導者であるとともに、ローマ・グループを通して非パシュトゥン族主体の北部連合とも関係が深かったため、ボン和平合意後の新生アフガニスタンの指導者として白羽の矢が立った。

ザヒル・シャー　デュラニ王朝最後の国王。実父であったナディール・シャー国王の暗殺にともない1933年に即位するが、73年にダウドによるクーデターで追放され退位する。和平達成後29年ぶりに帰国を果たし、移行政権下で「国父」として象徴的な役割を果たすことになった。パシュトゥン人。

ナジブラ　共産党政権最後の大統領として85年から92年まで在任。クーデター発生後カブールの国連事務所に避難するが、96年にタリバンにより処刑される。詳しい事情は本書第三章第４節の「カブールの陥落とナジブラの処刑」を参照。パシュトゥン人。

アブドゥル・**ハク**　東部パシュトゥン人の間で人気の高い元ムジャヒディン司令官。ローマグループの支持者として国連とも緊密な協力関係にあったが2001年10月、反タリバン勢力糾合のための運動中にタリバンによって逮捕・処刑された。暗殺されたハジ・カディールは実兄。

グルブディン・**ヘクマティアル**　ムジャヒディンの一派イスラム党党首。パシュトゥン族系原理主義強硬派としてパキスタン軍部の強い支持を受け、93年にはイスラマバード合意によりムジャヒディン連合政権の首相になるが、政権内での内紛が絶えず、翌年タリバンに破れて失脚。現在、国内で反カルザイ運動を扇動している。

[アル・カイダ]

ウサマ・**ビン・ラーディン**　国際テロ組織アル・カイダの創設者。96年にアフガニスタンに戻り、オマール師と物心両面で親密な関係を築く。東アフリカ米国大使館爆破事件や9・11テロの首謀者とされる。サウジアラビア出身。

[国連事務総長特別代表]

ベノン・**セヴァン**　90年から92年にかけ在任。国連幹部職員。既存の諸勢力を包括する暫定政権の樹立を目指した最初の国連和平活動を推進するが、ムジャヒディンの「完全勝利」を望む米国や周辺国の積極的な支持を得られなかった。

ラクハダール・**ブラヒミ**　第一期は97年から99年まで在任。元アルジェリア外務大臣。紛争の外的側面である周辺国の干渉に注目し、「6プラス2」など問題解決のための国際的枠組み造りを目指す新たな和平政策を推し進めるが、タリバンや周辺国の非協力により頓挫する。テロ危機後特別代表に復帰し、ボン和平合意をまとめあげる。2002年現在、国連アフガニスタン支援団（UNAMA）を指揮。

マフムド・**メスティリ**　94年から96年にかけ在任。元チュニジア外務大臣。部族や市民社会の代表など、紛争に直接関与しない新たな政治勢力を開拓して、ムジャヒディンとの連合政権の成立を前提としたクエッタ会議を招集するが、ムジャヒディン各派の抵抗や、タリバンの台頭により挫折する。

●用　語

アル・カイダ　ビン・ラーディンにより作り上げられた国際テロのネットワーク。アラビア語で「基地」の意。アフガン紛争の後半では、資金援助、武器の購入、兵員の供給、思想的影響など、すべての面でタリバンとの相互依存の関係を深めた。

ウレマ会議　タリバンが提案したウレマ（宗教指導者）による暫定政権樹立のための会議。本書第四章第3節「ウレマ会議」参照。

キプロス・グループ　イランが支持するアフガン人亡命者グループ。

ローヤ・ジルガによる紛争解決を目指し、ボン和平会議に代表を送る。

クエッタ会議　部族、市民社会、宗教界の代表など、紛争に直接関与しない新たな政治勢力が参加して、国連により94年にパキスタン西部で開催された。ムジャヒディンとの連合政権樹立を目指した。本書第三章第1節の中の「クエッタ会議――第二の国連和平努力」を参照。

シューラ・エ・ナザール　故マスード司令官の根拠地であるパンジシール渓谷を拠点とするタジク人勢力の政治・軍事機構。マスードにより85年に設立される。移行政権の主要閣僚であるアブドゥラ、カヌーニとファヒムの「パンジシール三人組」の出身母体。

「6プラス2」と「G-21」　アフガン紛争解決のため国際的枠組みづくりの一環として国連が創成した関係国から成る非公式のグループ。本書第四章第1節の中の「『G-21』と『6プラス2』」を参照。

タシュケント宣言　軍事援助など、周辺国による内政干渉の即時中止を訴える宣言。「6プラス2」によりウズベキスタンで99年7月に採択された。本書第五章第2節「タシュケント宣言」参照。

デェオバンディ派　タリバンの宗教的基盤となったイスラム教の一宗派。19世紀に北インドで発祥。本書第三章第2節「タリバンの出現」を参照。

ペシャワール・グループ　親パキスタンのパシュトゥン人によって2001年10月に急造される。ローヤ・ジルガによる紛争解決を目指し、ボン和平会議に代表を送る。

ローヤ・ジルガ　アフガニスタンの伝統的な最高決定機関である国民大会議。詳しくは本書第七章の注(4)を参照。

ローマ・グループ　ザヒル・シャー元国王を戴き、ローヤ・ジルガによる紛争の解決を目指す亡命者のグループ。ボン和平会議に参加し、カルザイを暫定政権の議長として送り出した。

国連治安支援部隊（ISAF）　安保理によって認可された多国籍軍。カブールなどでの治安維持を通し、ボン和平合意の実施を支援する。

国連アフガニスタン特別ミッション（UNSMA）　紛争当事者間の仲

裁など、国連平和創成活動を推進するため93年に総会によって設立された政治ミッション。

国連アフガニスタン支援団（UNAMA）　ボンで合意された和平プロセスを包括的に推し進めるため、UNSMA の政治活動と人道・復興援助活動を統合して新たに創設された平和再建活動のためのミッション。安保理により2002年 4 月に設立される。

ボン和平合意

アフガニスタンにおいて恒久的政府機関を再設置するまでの暫定的取り決めに関する協定

（国連広報センター訳）

アフガニスタン問題国連会議の出席者は、

アフガニスタン問題に関する事務総長特別代表の面前にて、

アフガニスタンにおける悲劇的な紛争を終了させ、同国における国民の和解、平和の永続、安定および人権の尊重を促進することを決意し、

アフガニスタンの独立、国家主権、および領土の保全を再確認し、

アフガニスタン国民が、イスラム、民主主義、多元性、社会正義の原則に基づいて、彼等自身の政治の将来を自由に決定する権利を承認し、

長年にわたって、アフガニスタンの独立、領土の保全、国家的統一を擁護し、テロリズムと圧制に対する闘いの中で主要な役割を演じるとともに、彼らが払った犠牲の故に、ジハード（聖戦）の英雄、最愛の祖国の平和、安定、再建の闘士となったアフガニスタンのムジャヒディン（イスラム聖戦士）に対する感謝の意を表明し、

アフガニスタンの不安定な状況が緊急な暫定的取り決めの実施を必要としていることを認識し、ブルハヌディン・ラバニ教授閣下殿が本協定に基づいて樹立される暫定政権に快く権力を移譲されることに対して深い感謝の意を表明し、

これらの暫定的な取り決めにおいて、アフガニスタン問題国連会議に適当な代表を出していないグループを含め、アフガニスタン国民のすべての階層が広く代表されることを保証する必要を認識し、

これらの暫定的取り決めは、広い基盤の、女性の代表権問題に敏感で、多民族的な、完全に国民を代表する政府の樹立に向けた第一歩にしようとするもので、特定の期間を超えて存続させる意図はないことに留

意し、新しいアフガニスタン治安部隊が完全に設置され、機能するには若干の時が必要であり、その為に、本協定の付属文書Ｉに詳記されるような他の治安規定をその間用意する必要があることを認識し、

アフガニスタンにおいて恒久的な機関が設置されるまでの期間において、不偏不党な機関として国際的に認められた国連が、本協定の付属文書IIに詳記されるような、特別に重要な役割を演じなければならないことを考慮して、

次の通り協定する。

暫定政権

Ｉ．総則

1) 2001年12月22日に為される権力の正式な移譲後、直ちに暫定政権を設置するものとする。
2) 暫定政権は、議長が統括する暫定行政機構、緊急ロヤ・ジルガの招集のための特別独立委員会、アフガニスタン最高裁判所および暫定行政機構が設立するその他の裁判所から構成されるものとする。暫定行政機構と特別独立委員会の構成、役割および統治手続きについては本協定に述べる。
3) 権力の正式な移譲後直ちに、アフガニスタンの主権は暫定政権に委ねられる。その結果、全暫定期間を通じて、暫定政権は対外関係でアフガニスタンを代表し、国連、その専門機関および他の国際機関や国際会議においてアフガニスタンの議席を占めるものとする。
4) 緊急ロヤ・ジルガは暫定政権の設立後６カ月以内に招集されるものとする。緊急ロヤ・ジルガはアフガニスタンの元国王のモハメッド・ザヒル陛下が開会する。緊急ロヤ・ジルガは、緊急ロヤ・ジルガの招集日から２年以内に行われる予定の、自由で公正な選挙によって完全に国民を代表する政府が選ばれるまでアフガニスタンを先導する、広い基盤の移行行政機構を含めた、移行政権について決定を行うものとする。
5) 暫定政権は、一旦緊急ロヤ・ジルガが移行政権を設立すると消滅するものとする。

6）制憲ロヤ・ジルガは、アフガニスタンの新憲法を採択するために、移行政権の設立後18カ月以内に招集されるものとする。制憲ロヤ・ジルガの憲法案の作成を助けるために、移行行政機構は開始後２カ月以内に、国連の援助を受けて、憲法委員会を設立するものとする。

II．法的枠組みと司法制度

1）上記の新憲法の採択まで、次のような法的枠組みが暫定的に適用されるものとする。

ｉ）1964年の憲法、(a）その規定が本協定に含まれる規定と矛盾しない範囲で適用。(b）憲法に定められた、王室および行政、立法機関に関する規定を除いて適用。ⅱ）現存の法規。本協定あるいはアフガニスタンが関係する国際的な法的義務、または1964年の憲法に含まれるような適用規定と矛盾しない範囲で適用。但し、暫定政権はそれらの法規を廃止、改正する権限を有するものとする。

2）アフガニスタンの司法権は独立的なものとし、アフガニスタンの最高裁判所および暫定行政機構が設立する他の裁判所に付与される。暫定行政機構は、国連の援助を受けながら、イスラムの原則、国際基準、法の支配、アフガニスタンの法的伝統に基づいて国内司法制度を立て直すために司法委員会を設置する。

III．暫定行政機構

A．構成

1）暫定行政機構は１人の議長、５人の副議長、および24人のその他のメンバーから構成される。議長を除き、各メンバーは暫定行政機構の省庁の長となることができる。

2）アフガニスタン問題国連会議の出席者は、アフガニスタンの元国王のモハメッド・ザヒル陛下に暫定政権の議長を務めていただきたいと要請したが、陛下は、むしろ参加者に受け入れられるような適当な候補者を暫定政権の議長に選んで欲しいと伝えた。

3）暫定行政機構の議長、副議長、その他のメンバーが、本協定の付属文書IVに記載された通り、アフガニスタン問題国連会議の参加者によ

って選出された。選出はアフガニスタンの民族的、地理的、宗教的構成と女性の参加の重要性を十分考慮し、国連会議の出席者が提出したリストから専門能力と人格的な清廉さをベースに行われた。
4) 暫定行政機構のメンバーを務めるものは、いずれも、同時に緊急ロヤ・ジルガの招集のための特別独立委員会の職にあることはできない。

B. 手続き

1) 暫定行政機構の議長、同人が不在の場合には副議長の1人が会合を招集、主宰し、これらの会合のための議案を提案するものとする。
2) 暫定行政機構は総意により決定に到達するように努めるものとする。決定を行うためには、少なくとも22名のメンバーの出席が必要である。投票が必要になった場合には、本協定に他の定めがない限り、出席メンバーの過半数で、投票により、決定を行うものとする。メンバーの賛否が同じ票数に分かれた場合には、議長が決定票を投じるものとする。

C. 職務

1) 暫定行政機構は日々の国務の運営を委託されるものとし、アフガニスタンの平和、秩序、良き統治のために政令を発布する権利を有するものとする。
2) 暫定行政機構の議長、同人が不在の場合には副議長の1人が暫定行政機構を代表するものとする。
3) 各省庁の行政に責任を有するメンバーは、責任領域内における暫定行政機構の政策の実施に対して責任を持つものとする。
4) 権力の正式な移譲後は、暫定行政機構が国の通貨の印刷と交付、および国際金融機関からの特別引出権について完全な管轄権を有するものとする。暫定行政機構は、国連の援助を受けて、透明で責任の所在が明らかな手続きによって国のマネー・サプライを統制するアフガニスタン中央銀行を設立するものとする。
5) 暫定行政機構は、国連の援助を受けて、独立的な公務員委員会を設置し、暫定政権と将来の移行政権に対して、行政部門の重要ポストおよび州知事や行政区の長の候補者の選抜候補者リストを提供し、公務

員の適性と清廉さを保証するものとする。
6) 暫定行政機構は、国連の援助を受けて、独立的な人権委員会を設置するものとする。同委員会の責務には人権問題の監視、人権の侵犯に関する調査、国内人権機関の開発が含まれる。 また、暫定行政機構は国連の援助を受けて、本協定が扱っていないような事項を検討するための他の委員会を設置することができる。
7) 暫定行政機構のメンバーは国際基準にしたがって設定された行動規範を順守するものとする。
8) 暫定行政機構のメンバーが行動規範の規定を順守しない場合は、同人を停職にすることとする。メンバーを停職にする決定は、議長若しくは副議長の提案に基づき暫定政権メンバーの3分の2の多数決によって行うものとする。
9) 暫定政権のメンバーの職務と権限は、必要に応じ、国連の援助を得て更に練るものとする。

IV. 緊急ロヤ・ジルガの招集のための特別独立委員会

1) 緊急ロヤ・ジルガの招集のための特別独立委員会は暫定政権の設置後1カ月以内に設立するものとする。特別独立委員会は21名のメンバーから構成され、そのうちの1人は憲法または慣習法の専門知識を有する者とする。メンバーはアフガニスタン問題国連会議の出席者、アフガニスタンの専門家グループ、市民社会グループの提出する候補者リストから選出される。国連は特別独立委員会とその事務局の設立と職務の遂行を援助する。
2) 特別独立委員会は、緊急ロヤ・ジルガの手続きと、参加者数について決定する最終権限を有する。特別独立委員会は（i）アフガニスタンに居住する定住者と遊牧民への議席の割当の基準、（ii）イラン、パキスタン、その他の場所に居住しているアフガン人難民と離散しているアフガン人への議席の割当の基準、（iii）アフガニスタン内および離散している市民社会機関とイスラムの学者、知識人、商人等の著名な個人を含める基準、について述べた規則と手続きの草案を作成する。特別独立委員会は、緊急ロヤ・ジルガにおいて、相当数の女性とその他のアフガニスタン国民のすべての階層からの代表参加を確保するこ

とに適切な注意が払われるように保証する。
3）特別独立委員会は、緊急ロヤ・ジルガの招集の少なくとも10週間前までに、その開会日と場所と開催期間と併せて、緊急ロヤ・ジルガの招集のための規則と手続きを発表し、配布する。
4）特別独立委員会は、緊急ロヤ・ジルガへの個人の任命のプロセスを監視する手続きを採択、実施し、間接的選挙、選抜のプロセスの透明性、公正性を保証する。任命に関する争いを防止するために、特別独立委員会は、不平の申し立ての仕組みと紛争の調停規則を定める。
5）緊急ロヤ・ジルガは移行行政機構の国家主席を選出し、移行行政機構の仕組みと主要人事についての提案を承認する。

V．最終規定

1）権力の移譲後直ちに、国内のすべてのムジャヒディン、アフガニスタン軍隊、武装グループは暫定政権の命令、統治下に入り、新しいアフガニスタン国の治安部隊・軍隊の必要にしたがって再編されるものとする。
2）暫定政権と緊急ロヤ・ジルガは、アフガニスタンが締約国となっている人権に関する国際文書と国際人道法に含まれた基本原則と規定に基づいて行為するものとする。
3）暫定政権はテロリズム、麻薬、組織犯罪への闘いにおいて国際社会と協力するものとする。暫定政権は国際法を尊重し、近隣諸国や他の国際社会と平和で友好的な関係を維持することを約束するものとする。
4）暫定政権と緊急ロヤ・ジルガの招集のための特別独立委員会は、暫定行政機構と緊急ロヤ・ジルガへの女性の参加とすべての民族、宗教共同体の公正な代表参加を保証する。
5）暫定政権が行うすべての行動は、安全保障理事会の決議1378（2001年11月14日採択）と、アフガニスタンに関する他の該当する安全保障理事会諸決議と一致したものとする。
6）暫定政権のもとで設置される機関に関する手続き規則は国連の援助を得て設定するものとする。

本日2001年12月5日付けにて、ボンにおいて英語にて作成された本協

定書は、付属文書もこれと一体をなすものであり、単一部数の、真正のテキストとして国連の保管文書として保管するものとする。公式テキストは、ダリ語、パシュトウ語および事務総長の特別代表が指定する他の言語で提供されるものとする。事務総長の特別代表は参加者のそれぞれに対して英語、ダリ語、パシュトウ語の公認の写しを送付するものとする。

（署名者リスト省略）

付属文書 I
国際治安部隊

1. アフガニスタン問題国連会議の出席者は、アフガニスタンの全土に安全と法と秩序を提供する責任はアフガニスタン国民自身にあることを認識している。この目的のために、彼らは、アフガニスタンに配置されたすべての国連機関やその他の国際・政府・非政府機関を含めて、かかる安全を保障するために力の及ぶ限りのことをすべて行うことを確約する。
2. この目標を念頭に、参加者は、アフガニスタンの新しい治安部隊と軍隊の設立と訓練における新アフガニスタン当局への国際社会の助力を要請する。
3. 新しいアフガニスタンの治安部隊、軍隊が完全に設置され、機能するには若干の時間を要するかも知れないことに鑑み、アフガニスタン問題国連会議の出席者は、安全保障理事会に対して、国連に委任された軍のアフガニスタンへの早期展開の承認を考慮するように要請する。この部隊はカブールとその周辺地域の安全の維持を助けるものである。そのような軍隊は、場合によって、他の都市の中心部や他の地域へ漸次、その展開を広げることもあり得る。
4. アフガニスタン問題国連会議の出席者は、国連に委任された部隊が配置されるカブール、その他の都市の中心部または他の地域から、すべての部隊を撤退させることを約束する。そのような軍隊がアフガニスタンのインフラの復旧を援助できれば、望ましいことであろう。

付属文書II

暫定期間中の国連の役割

1. 国連事務総長特別代表は国連のアフガニスタンにおける事業のすべての面について責任を持つものである。
2. 特別代表は本協定書のあらゆる面の実施を監視し、援助を行う。
3. 国連は自由で公正な状況での緊急ロヤ・ジルガの開催を助けるような政治的に中立的な環境の確立について暫定政権に助言を行うものとする。国連は緊急ロヤ・ジルガの招集や結果に直接影響を及ぼすような機関や行政部局の行為に、特に注意を払うものとする。
4. 国連事務総長特別代表または同人の代理は、暫定行政機構や緊急ロヤ・ジルガの招集のための特別独立委員会の会合に出席することができる。
5. もし、どのような理由であっても、暫定行政機構、または特別独立委員会が緊急ロヤ・ジルガの招集に関する事項の打ち合わせを積極的に妨害されるか、その様な事項に関する決定に達することができない場合には、国連事務総長特別代表は暫定行政機構、または特別独立委員会で述べられた見解を考慮しながら、行き詰まりの解決、もしくは決定を促進するものとする。
6. 国連は人権の侵犯を調査し、必要な場合は矯正行動を勧告する権利を有するものとする。また、国連は人権の尊重と理解を促進するために、人権教育プログラムの開発と実施にも責任を持つ。

付属文書III

アフガニスタン問題国連会議の参加者による国連への要請

アフガニスタン問題国連会議の参加者は、
1. 国連と国際社会が、アフガニスタンの国家主権、領土の保全、統一、およびアフガニスタンの国内問題への外国の不干渉を保証するために必要な措置を取るように要請する。
2. 国連、国際社会、特に援助諸国、多国間機関が、暫定政権と協調してアフガニスタンの復興、修復、再建を援助する約束を再確認し、強化し、実施するように求める。

3. 国連が出来るだけ早く、(i) 制憲ロヤ・ジルガによる新憲法の採択後直ちに行われる総選挙に先立って投票者の登録を行うこと、また、(ii) アフガニスタンの人口調査を行うことを要請する。
4. アフガニスタンの独立と国民の尊厳を守るためにムジャヒディンが演じた英雄的な役割を認め、国連と国際社会が暫定政権と協調して、新しいアフガニスタンの治安部隊と軍隊へのムジャヒディンの組み入れを援助するために必要な措置を取るように求める。
5. 国連と国際社会が殉教者、戦争の犠牲者および傷病軍人の家族その他の被扶養者を援助する基金を創出するように請う。
6. 国連、国際社会、地域機関が、暫定政権と協力して、国際テロリズム、不法な薬物の栽培や取引と闘い、アフガニスタンの農民に対し代替作物の生産のための資金、材料、技術資源を提供するように強く求める。

(付属文書IV 暫定政権の閣僚リスト省略)

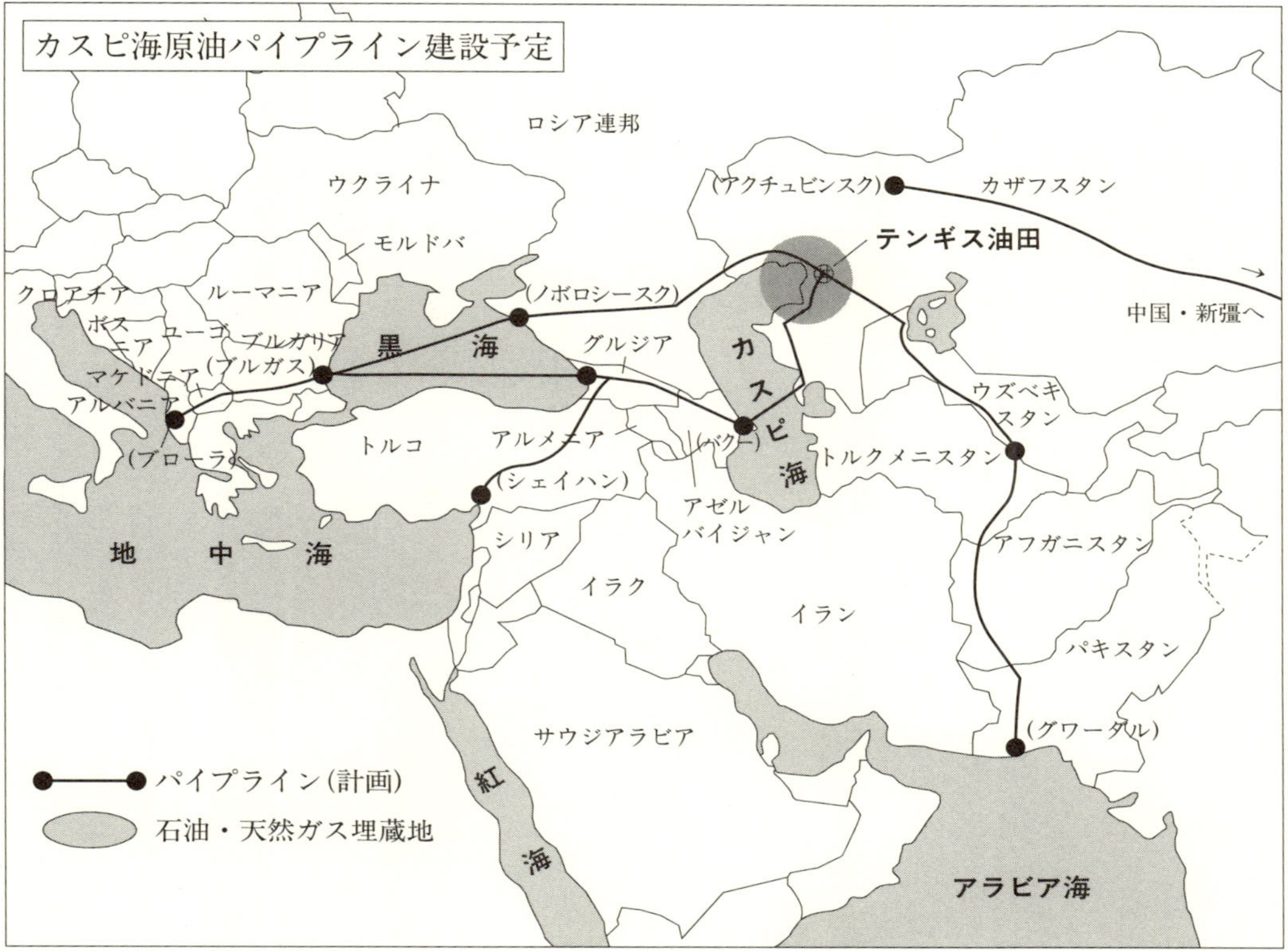

カスピ海原油パイプライン建設予定
ロシア連邦
ウクライナ
モルドバ
クロアチア
ルーマニア
ボスニア
ユーゴ
ブルガリア
マケドニア
(ブルガス)
アルバニア
(ブローラ)
黒海
(ノボロシースク)
グルジア
アルメニア
(バクー)
アゼルバイジャン
トルコ
(シェイハン)
シリア
イラク
イラン
カスピ海
(アクチュビンスク)
カザフスタン
テンギス油田
中国・新疆へ
ウズベキスタン
トルクメニスタン
アフガニスタン
パキスタン
(グワーダル)
地中海
紅海
サウジアラビア
アラビア海
パイプライン(計画)
石油・天然ガス埋蔵地

著者略歴

（かわばた・きよたか）

1954年大阪生まれ．国連本部政務官．米国コロンビア大学大学院政治学部卒業．時事通信記者を経て1988年に国際公務員となり，安全保障理事会，ＰＫＯに関する特別委員会，安保理改組に関する特別作業部会など，一貫して安全保障問題を担当．1994年に国連ルワンダ支援団（UNAMIR）の政治顧問を務めた後，1995年より国連本部政治局でアフガン問題を担当する．現在，ブラヒミ事務総長特別代表（アフガニスタン担当）の補佐官を務める．共著に『ＰＫＯ新時代――国連安保理からの証言』（岩波書店，1997）．

川端清隆

アフガニスタン

国連和平活動と地域紛争

2002年11月25日　第1刷発行
2003年 2 月25日　第2刷発行

発行所 株式会社 みすず書房
〒113-0033 東京都文京区本郷5丁目32-21
電話 03-3814-0131(営業) 03-3815-9181(編集)
http://www.msz.co.jp

本文印刷所 平文社
扉・表紙・カバー印刷所 栗田印刷
製本所 誠製本

ISBN 4-622-07015-4